文脉涵养

WENMAIHANYANG

高中生文化自信培育研究

主编 朱晴怡

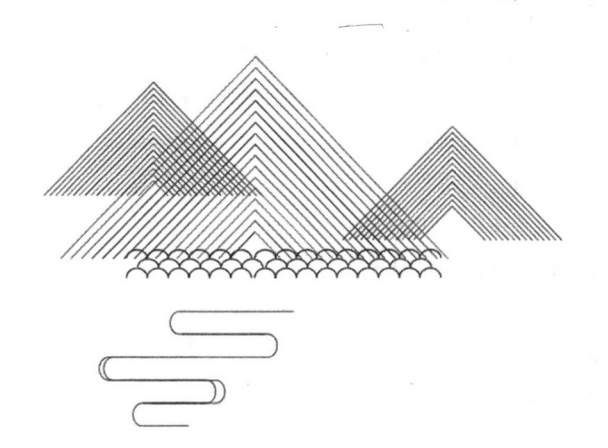

上海社会科学院出版社
SHANGHAI ACADEMY OF SOCIAL SCIENCES PRESS

图书在版编目（CIP）数据

文脉涵养：高中生文化自信培育研究 / 朱晴怡主编
. — 上海：上海社会科学院出版社，2021
 ISBN 978-7-5520-3671-8

Ⅰ.①文… Ⅱ.①朱… Ⅲ.①高中生—文化素质教育
—研究 Ⅳ.① G40-012

中国版本图书馆 CIP 数据核字（2021）第 173829 号

文脉涵养：高中生文化自信培育研究

主　编：朱晴怡
责任编辑：路　晓
封面设计：徐　蓉
出版发行：上海社会科学院出版社
　　　　　上海顺昌路 622 号　邮编 200025
　　　　　电话总机 021-63315947　销售热线 021-53063735
　　　　　http://www.sassp.cn　　E-mail: sassp@sassp.cn
照　　排：上海碧悦制版有限公司
印　　刷：江阴市机关印刷服务有限公司
开　　本：889 毫米 × 1194 毫米　1/32
印　　张：6.25
字　　数：156 千
版　　次：2021 年 9 月第 1 版　　2021 年 9 月第 1 次印刷

ISBN 978-7-5520-3671-8/G·1121　　　　　　定价：45.00 元

版权所有　翻印必究

主　编：

　　朱晴怡

编写人员：

陈曦	赵怡	张建华	姜翼	朱鹏飞
鲍静	郭倩华	邹幸	黄砚滋	王中强
贾峰	刘相国	杨周	龚琳	徐从安

目录 /CONTENTS

第一部分　文化自信教学研究概述

003　"文脉涵养：高中生文化自信培育研究"项目概述

第二部分　校本课程教学

017　第一讲　何处是江南　何以是文脉

031　第二讲　江南望族的家风与家训
　　　　　　——小娄巷谈、秦、孙、王四大家族的家风传承

040　第三讲　江南祠堂文化和家风传承

053　第四讲　江南饮食文化的交融发展
　　　　　　——以无锡为例

062　第五讲　传承运河文化，建设无锡大运河文化带

070　第六讲　探寻无锡园林文化

076　第七讲　中国民族资本主义的曲折发展
　　　　　　——以无锡荣氏企业兴衰为例

085　第八讲　江南地区科技文化探寻

107　第九讲　从校史变迁中坚定文化自信

第三部分　国家课程教学

- 121　第一讲　传续江南文脉　彰显文化自信
- 127　第二讲　让锡剧"火"起来
  　　　　　——文化创新靠什么
- 135　第三讲　传统文化的继承
- 142　第四讲　世界文化的多样性
- 148　第五讲　文化传承中的无锡精神探寻
  　　　　　——"当代文化参与"任务群学习结题报告交流
- 159　第六讲　江南的冬景
- 164　第七讲　沁园春·长沙
- 170　第八讲　明清之际活跃的儒家思想
- 178　第九讲　长三角一体化中的无锡发展
- 185　第十讲　工业的区位选择
- 189　第十一讲　江南水上明珠——古镇

第一部分
文化自信教学研究概述

"文脉涵养：高中生文化自信培育研究"项目概述

一、学校基本情况

无锡市第一中学始建于 1911 年，近年来先后被评为江苏省首批高品质示范高中建设培育学校、首批省级教师发展示范基地校、首批普通高中新课程新教材实施示范校和首批智慧校园示范校。百余年办学历史，学校形成了"读书、明理、求进"的校风，围绕着"促进学生全面而有个性的发展"的育人目标，为国家培养了大批优秀人才。学校逐渐形成了涵盖基础性分层课程、拓展性分类课程、综合性融合课程、研究性专项课程、通识性国际课程等多元课程体系，形成了一支力量雄厚的师资队伍。

二、项目实施阶段性成果

无锡市第一中学"文化自信·江南文脉"课程基地立项以来，围绕"课程资源整合、课程体系建构、学习方式转变、线上线下互动、教师融合教研、主题场馆建设"六个方面开展研究。

1. 课程资源整合

通过探寻文化遗存、整合地域资源、挖掘校史资源、推进国际理解，构筑点线网的课程资源模型，以八大实践基地为点，串点成线，形成文博线、传统文化线、名人故居线、工商遗址线、红色文化线，再由线到网，最终形成以江南文化的核心思想为骨骼，以江南文化的历史发展为经络，以江南文化的现实表征为血肉的"文化自信·江南文脉"课程资源网。

无锡市文化旅游局在文化资源整合方面给予了极大帮助，双方在课程资源共建共享方面已经形成进一步合作意向。目前已有十家单位（钱伟长故居、清名桥历史街区、钱锺书故居、王选纪念馆、无锡市第一支部党建基地、无锡市惠山古镇景区管理处、无锡中国民族工商业博物馆、无锡市阖闾城遗址博物馆、无锡市鸿山遗址博物馆）成为无锡一中"文化自信·江南文脉"课程基地项目合作单位。无锡市档案史志馆、无锡中国地方志办公室、江南大学人文学院成为本课程基地的顾问单位。课程基地聘请国家督学成尚荣先生、江南大学唐忠宝教授和田良臣教授担任学术顾问。学校依托课程基地，在校内外育人资源整合方面探索了一条行之有效的路径。

2. 课程体系建构

这是课程基地建设的重中之重。2017版普通高中课程方案的基本原则之一就是"坚持正确的政治方向"，具体到人文类学科核心素养，政治学科的政治认同、语文学科的文化传承与理解、历史学科的家国情怀、地理学科的区域认知，都指向坚定高中生的文化自信，可见"文化自信"应该成为高中生坚定"四个自信"、培育学科核心素养的切入点和落脚点。

我们融合人文类学科资源，构建文化自信课程体系。

第一类是国家课程的校本实施。我们梳理了高中思想政治、语文、历史、地理四科国家课程中指向文化自信或者与江南文化相关的教学内容，编撰了《"文化自信·江南文脉"课程基地国家课程校本化实施案例选编》，开设国家课程校本化实施的案例教学，例如思想政治学科的《传续江南文脉 彰显文化自信》、语文学科的《文化传承中的无锡精神探寻》、历史学科的《中国民族资本主义的曲折发展——以无锡荣氏企业兴衰为例》、地理学科的《长三角一体化中的无锡发展》等案例在凸显学科育人价值方面做了很好的示范引领。

第二类是校本课程。主要从三个方面进行开发与实施。

其一是开展学科延伸教学。利用每周三下午校本选修课的时间开设了五十多门指向坚定高中生文化自信、涉及江南文化研究的校本选修课程（见表1）。

表1　校本选修课程

序号	选修课名称	主讲人
1	吴文化初探	季丹枫
2	传统文化之乡土技艺	刘臻
3	书法欣赏与创作	张祖寅
4	中国篆刻	谈闻安
5	汉字的演化	王中强
6	中华武术基础	贾伟
7	中国古代文化漫谈	史红美　祝美　那晓筠　陶芸
8	看电影，学名著	沈泠　蒋曦
9	庄子——逆境中的宗教	芮轼轩
10	文言人物传记选读	姜翼
11	明清散文研读	陈琪琦
12	中外历史人物评说	祁国栋
13	世界文化遗产赏析	史红美
14	文化与民族心理的形成	李祖峰
15	《庄子》管窥	芮轼轩

(续表)

序号	选修课名称	主讲人
16	《论语》杂说	殷敏
17	百年叱咤风云——20世纪的战争与和平	那晓筠
18	先秦诸子故事选讲	丁建平
19	魏晋名士风度	马琨
20	北宋诗词选读	芮轼轩
21	现当代名作欣赏	吴君
22	中国旅游文化漫谈	祝美
23	追寻唐诗的足迹	季玲玲
24	《孙子兵法》漫谈	姜翼
25	大国兴衰随想	那晓筠
26	《论语》故事	吴晓芳
27	《人间词话》选讲	黄砚滋
28	走近东坡	蔡金成
29	六朝志怪研究	郭成波
30	人地关系和谐探索	徐从安
31	趣谈魏晋风流	李嘉仪 赵红
32	《红楼梦》研究	贾峰
33	影视与文学	马琨 郭成波
34	汉字文化	李柯
35	历史的侧面	马虹霞
36	文化现象与批判思维	李洁
37	张爱玲小说与电影鉴赏	蒋书羽

(续表)

序号	选修课名称	主讲人
38	哲学家们的智慧	鲍静
39	新时代大国外交	潘超伟
…	……	…

其二是开设"文化自信·江南文脉"校本课程(见表2)。我们以国家课程为主干,通过开发整合地方、校本的课程资源形成"文化自信·江南文脉"校本课程。作为学校课程,这是无锡一中学生必选的选修课程。该课程以江南文脉概论开篇,以文化自信概论结束。涵盖了江南的家族文化、祠堂文化、饮食文化、运河文化、园林文化、工商文化、科技文化以及无锡一中的校史文化,采用现场教学的方式进行。

表2 "文化自信·江南文脉"校本课程

序号	主题	地点	主讲人
第一讲	何处是江南 何以是文脉	录播教室	陈曦
第二讲	从千年氏族中思家风、家训	小娄巷	张建华
第三讲	在祠堂文化中寻访江南文脉	惠山古镇	姜翼
第四讲	江南饮食文化的交融发展	录播教室	朱鹏飞
第五讲	传承运河文化,建设无锡大运河文化带	录播教室、运河公园	赵怡
第六讲	赏园林、品诗词、承文化	寄畅园	姜翼
第七讲	一座城六大家族的商业风云	中国民族工商业博物馆	张建华
第八讲	江南传统科技文化探寻	录播教室	朱鹏飞

(续表)

序号	主题	地点	主讲人
第九讲	从校史变迁中坚定文化自信	录播教室、校史馆	朱晴怡
第十讲	课程学习成果交流展示	录播教室	全体

其三是开发融合课程，开展跨学科教学。学生核心素养的培育不是学科割裂的，核心素养具有一定的融合性。我们以思政课为核心打通学科壁垒，开设融合课堂。依托校史故事谈道路自信，通过高考作文素材积累谈文化自信，依托疫情防控谈制度自信（见表3）。融合课堂，既强调学科核心素养又强调跨学科共通的素养培育，更是我们对坚定高中生文化自信培育途径的创新思考与实践。在已有三节融合课堂的基础上，我们设想以"四个自信"为指向，围绕"党的领导、爱国主义、制度优势、国家意识、生态文明、依法治国、人类命运共同体、新发展理念"八个主题继续开发融合课程。

表3 核心素养融合课程

序号	课题	跨学科	授课
1	依托校史故事谈道路自信	思政、语文、历史	朱晴怡 姜翼 张建华
2	通过高考作文素材积累谈文化自信		
3	依托疫情防控谈制度自信		

第三类是实践课程。我们强调以学习者为中心，根据学生文化认知的实际，确定学习主题，以项目学习的方式开展实践研究。2019年开展了"行走江南：重新发现家乡"的研学活动，每个班级选定"求进大使"，基地学术顾问开设"江南文脉"专题讲座，结合研学的义化遗存进行研学培训，研学中由"求进大使"为同学

们进行现场讲解。同学们走出校园，在东林书院、惠山古镇、王选纪念馆、运河公园等学校周边文化场所，探寻江南文脉，重新发现家乡，坚定文化自信，提升爱国情感。2020年，我们继续践行"行走江南"的主题，以"我和我的家乡——无锡博物研学"为题，带领学生走进阖闾城遗址博物馆和无锡市鸿山遗址博物馆，深入探寻吴地文明的起源。

除此之外，诗意江南、书画江南、无锡话基本功测试等学生活动也融入学校文化艺术节活动中。无锡一中学生周鑫创作的《拜月赋》在2019年中秋节登上了中央电视台。季当越等同学对"江南女性形象"的研究成果《走上殊途的西施形象》发表于《无锡日报》。学生聚焦江南地域文化撰写的研究成果，汇编集结成《"文化自信·江南文脉"研学成果》（2019年）。

3. 学习方式转变

我们通过开展文化类项目学习，促进学生学习方式转变。通过确定学习主题、设计学习情境、整合学习内容、协作学习过程、更新学习手段等环节，让学生通过项目学习，从已有经验出发，在真实情景中自主进行问题分析与探究，最终完成知识建构，实现促进文化自信的目标。我们的学生在参与了文化自信相关课程的学习后说："该课程的学习，使我对全新开放的学习方式有了一定了解，对项目研究有深层次的认识，在学习中培养爱家国、爱文化的情感，坚定了文化自信。"

4. 线上线下互动

重视"互联网+"思维，建立线上线下互动平台。线上文化互动平台，主要实现推送和互动功能。目前我们已经完成了小娄巷、惠山古镇、寄畅园、泰伯庙、清名桥、伯渎港等线上微课制作推动（见表4）。线下互动平台依托江南文脉一中论坛，围绕"文化自信·江南文脉"主题，开展了系列讲座活动。

表4　无锡市第一中学线上微课课程

序号	线上微课课题名称	主讲人
1	悠悠小娄巷——无锡望族的家风家训	张建华
2	惠山古镇——江南祠堂园林文化	姜翼
3	伯渎与清名——江南的水和桥	张建华
4	大公桥与丝绸博物馆——民族工商业家的桑梓情怀	姜翼
5	阖闾古城——探寻吴文化的魅力	刘相国
6	巍巍泰伯庙——吴文化的发源地	蔡金成

5. 教师融合教研

课程基地在建设过程中不断探索教师教研新模式，加速教师的专业化成长。课程基地核心组由六名教师组成，分属六个不同学科。其中以思政、语文、历史、地理四个学科组为主体，打通学科壁垒，通过项目学习的形式，以项目为中心，打造更高品位的教师专业发展共同体。我们加强教师的校本研修，通过开发融合各科的"文化自信·江南文脉"校本课程，开展跨学科的三师融合教学等形式，促进教师专业发展。

一年多以来，依托课程基地建设，我们同步申请了三个相关课题和研究项目（见表5）。团队核心成员发表相关论文9篇、论文获奖1篇（见表6）。无锡市第一中学"文化自信·江南文脉"党员先锋岗获评2020年无锡市工人先锋号。

表5　申报的相关课题和研究项目

序号	课题或项目名称	类型	主持人
1	"文化自信·江南文脉"课程研究——以高中人文学科为例	江苏省中小学教学研究第十三期立项课题	赵怡 姜翼

（续表）

序号	课题或项目名称	类型	主持人
2	指向坚定高中生文化自信的跨学科课程建设实践研究	2020年度无锡市哲学社会科学立项课题	朱晴怡
3	"文化自信·江南文脉"课程基地实践研究	2020年度省第五期"333高层次人才培养工程"科研资助项目	朱晴怡

表6 项目核心成员发表文章及获奖情况

序号	成果名称	成果形式	作者	发表及获奖情况
1	文化自信研学课程的构建	论文	朱晴怡	《思想政治课教学》2019年第5期
2	跨界学习：坚定"四个自信"的有效途径	论文	朱晴怡	《中学政治教学参考》2019年第16期
3	彰显文化力量 促进文化自信——以2019年高考江苏政治卷为例	论文	朱晴怡	《中学政治教学参考》2019年第31期
4	构筑育人同心圆	论文	朱晴怡	《江苏教育》2020年第10期
5	文化自信背景下"讲好中国科学家故事"的教学设计——以"科学家怎样研究有机物"为例	论文	朱鹏飞 孙逸明	《化学教学》2020年第9期
6	在高中地理教学中彰显文化自信——以《厉害了，中国的交通运输》教学设计为例	论文	赵怡	《科学导报·学术》2019年第49期
7	在"家族故事"的写作中彰显语文学科的育人价值	论文	姜翼	《文教资料》2020年第11期

（续表）

序号	成果名称	成果形式	作者	发表及获奖情况
8	以《国家宝藏》为例谈文化自信融合课堂的构建	论文	姜翼	《文教资料》2020年第15期
9	江南文脉彰显文化自信	论文	张建华	《中学政史地·教学指导》2020年第10期
10	文化自信视角下的孔子再认识	论文	张建华	无锡市教育学会论文评比一等奖 2020年第5期

6. 主题场馆建设

课程基地配套两大场馆——江南文脉馆和无锡一中历史博物馆。目前两个主题场馆已经完成招投标程序，正在建设之中。江南文脉馆，以时空开篇，在时间轴上展现江南文化发展的脉络，以地图呈现地域上对"江南"的界定。分别以"雅意闲趣""诗礼簪缨""昌明隆盛""妙手天成"四个主题展现文雅江南、才华江南、富庶江南和匠心江南。无锡一中历史博物馆，在四史发展的大背景下，在区域文化发展的脉络中研究学校发展历史，突出校史中的文化事件、文化人物和文化故事。

三、项目实施经验与反思

1. 强调跨界研究。我们依托课程基地建设，打破学科壁垒，既融合各学科核心素养，又融合学科和生活。基于国家课程教材文本、项目学习主题、学生核心素养培育开展跨学科研究，探索无锡一中跨学科教学路径，一定程度上突破了高中阶段跨学科教学的瓶颈。

2. 实现协同治理。我们采取"文化自信·江南文脉"课程基地项目负责人制，以课程基地建设为基础，实践协同治理模式，改变以往学校"行政手段""自上而下"的管理方式，实现项目中的教师和学生可以按照课程实施需要调用学校现有的资源和教育要素等，学校的各类职能部门为该课程基地建设服务。

3. 加大对外辐射。课程基地自成立以来承办了无锡市中学"领航·开学第一课"示范观摩活动、首届省级领航名师培养工程"高中政治名师工作站"研修活动、广西柳州史政地教师学习研修活动、无锡市大中小学思政课一体化建设现场会等；团队成员应邀参加"江南文脉"论坛；课程基地负责人朱晴怡书记应邀在不同学段不同类型的单位宣讲"文化自信·江南文脉"课程基地建设情况20次（见表7）。

课程基地的建设促进了学校人文学科的教学改革，"新华网"《中国教育报》《无锡日报》《江南晚报》《现代快报》等多家媒体进行了跟踪报道。"文化自信·江南文脉"课程基地的建设情况报道多次登上了学习强国。

表7　项目研究宣讲活动

序号	宣讲内容	宣讲地点	时间	主讲
1	"文化自信·江南文脉"课程基地实践研究	无锡市妇联实验托幼中心	2019年8月29日	朱晴怡
2		广西柳州史政地教师学习研修活动	2019年10月14日	
3		无锡市教育电视台	2019年10月20日	
4		江苏省怀仁高级中学	2019年10月28日	
5		无锡师范附属小学	2019年11月1日	
6		江苏大学承办常熟特级教师后备人才培训班	2019年11月20日	

（续表）

序号	宣讲内容	宣讲地点	时间	主讲
7	"文化自信·江南文脉"课程基地实践研究	无锡市南外国王学校	2020年7月13日	朱晴怡
8		无锡市新吴实验中学	2020年7月16日	
9		苏州大学承办南通高中校长暑期培训班	2020年8月7日	
10		江苏省首届领航名师培训活动（高中政治项目组）	2020年8月14日	
11		江南大学承办无锡市江南中学骨干教师暑期培训班	2020年8月19日	
12		无锡市新吴区新安中学	2020年9月7日	
13		无锡市新吴区旺庄实验小学	2020年9月10日	
14		无锡市运河实验中学	2020年9月14日	
15		无锡市梁溪区仁和幼儿园	2020年9月24日	
16		无锡市大中小学思政课一体化建设现场会	2020年10月10日	
17		无锡市新吴区春潮幼儿园	2020年10月12日	
18		无锡市机关幼儿园	2020年10月14日	
19		无锡市新吴区春星小学	2020年10月16日	
20		无锡市第六高级中学	2020年10月20日	

未来，无锡一中将继续呈现更优质的"文化自信·江南文脉"课程资源，开展跨界教学、构建整合课程、实现协同治理、聚焦融合育人，实现无锡一中育人方式的真正变革。

第二部分
校本课程教学

第一讲　何处是江南　何以是文脉

一、教学目标

1. 了解"江南"的地理范围、历史变迁，特别是江南在中国文化中独特的文化内涵。
2. 理解江南文脉的发展历程以及具体表现形式。
3. 由具体的物象帮助学生树立文化、文化自信等概念，激发热爱家乡的情感，培养亲近中华优秀传统文化的态度，筑牢坚定社会主义核心价值观的基础。

二、教学过程

印象里的江南，三秋桂子，十里荷花，小桥流水，烟雨人家。这里有"春水碧于天，画船听雨眠"的温婉娇媚，也有"男儿何不带吴钩，收取关山五十州"的豪气干云。"日出江花红胜火，春来江水绿如蓝"，道不尽这里的千年沧桑。深宅雅苑一步一景，白墙黛瓦相映成画，昆曲评弹一笑一靥，弹指舞袖醉染霜林，古人眼中的堆金积玉之地、温柔富贵之乡。

江南，一个特别有温度、有格调的词。提起它，我们不禁会想到江南的富足，江南的美丽，以及江南的韵味。而所有的这些美好，都有赖于一代一代江南文人学者对江南文化的精彩描绘和记载。在世人心目中,江南到底有多美?很多人对江南的最初印象几乎全部来自文学。在中华民族文学的舞台上,如果没有了"江南"这个角色,一定会逊色不少。

(一)文学作品里的江南

我们来玩个飞花令吧,每人讲一句与江南有关的诗句。

1. 忆江南

【作者】白居易 【朝代】唐

江南好,风景旧曾谙。

日出江花红胜火,春来江水绿如蓝。能不忆江南?

2. 菩萨蛮

【作者】韦庄 【朝代】唐

人人尽说江南好,游人只合江南老。春水碧于天,画船听雨眠。

垆边人似月,皓腕凝霜雪。未老莫还乡,还乡须断肠。

3. 泊船瓜洲

【作者】王安石 【朝代】宋

京口瓜洲一水间,钟山只隔数重山。

春风又绿江南岸,明月何时照我还?

4. 江南

汉乐府

江南可采莲,莲叶何田田。

鱼戏莲叶间,鱼戏莲叶东,鱼戏莲叶西,鱼戏莲叶南,鱼戏莲叶北。

5. 水龙吟·西湖怀古

【作者】陈德武 【朝代】宋

东南第一名州,西湖自古多佳丽。临堤台榭,画船楼阁,游人歌吹。十里荷花，三秋桂子，四山晴翠。使百年南渡，一时豪杰，都忘却、平生志。

可惜天旋时异，藉何人、雪当年耻？登临形胜，感伤今古，发挥英气。力士推山，天吴移水，作农桑地。借钱塘潮汐，为君洗尽，岳将军泪！

6. 望海潮·东南形胜

【作者】柳永　【朝代】宋

东南形胜，三吴都会，钱塘自古繁华。烟柳画桥，风帘翠幕，参差十万人家。云树绕堤沙，怒涛卷霜雪，天堑无涯。市列珠玑，户盈罗绮，竞豪奢。

重湖叠巘清嘉，有三秋桂子，十里荷花。羌管弄晴，菱歌泛夜，嬉嬉钓叟莲娃。千骑拥高牙，乘醉听箫鼓，吟赏烟霞。异日图将好景，归去凤池夸。

这两首词里都有一句绝美的文字，"三秋桂子，十里荷花"。怪不得传说中金国完颜亮要"提兵百万西湖上，立马吴山第一峰"，哪怕是发动一场战争，也要欣赏一下这样的美景。

7. 江南逢李龟年

【作者】杜甫　【朝代】唐

岐王宅里寻常见，崔九堂前几度闻。

正是江南好风景，落花时节又逢君。

8. 卜算子·送鲍浩然之浙东

【作者】王观　【朝代】宋

水是眼波横，山是眉峰聚。欲问行人去那边？眉眼盈盈处。

才始送春归，又送君归去。若到江南赶上春，千万和春住。

（二）地理、历史、人文的江南概念

江南可以从地理、历史、人文角度来理解。第一，从地理概念的角度来看,"江南"区域有时大有时小,小到环太湖流域,即江浙沪地区;大到洞庭湖、鄱阳湖、太湖流域,即江苏、浙江、江西、安徽、湖南、湖北的长江中下游以南区域。

第二是历史上的江南概念。江南作为一个地域概念从古到今经历了"先扩后缩"的过程。大致说来,秦汉之际的"江南"主要指长江中游的荆楚,在秦汉之际,江南指长江中游的南部,主要是湖北和湖南。屈原《九章》中有"目极千里兮,伤春心,魂兮归来,哀江南",这里的江南指的是今天的湖南一带。"江南可采莲,莲叶何田田",之后的汉乐府采莲歌《江南》中的江南指长江中下游地区。初唐时的"江南道"范围从湖南西部直到海边,中唐之后的"江南"主要指长江下游的吴越;到了近代,"江南"特指长江三角洲和太湖流域的"八府一州"(明清时的"八府一州"指的是苏州府、松江府、常州府、镇江府、杭州府、嘉兴府、湖州府、江宁府和太仓州)。相当于现在的江苏省范围内的苏州、无锡、常州、镇江、南京5个市,浙江省的杭州、嘉兴、湖州3个市,还有上海市,也就是江浙的8个省辖市加上海这1个直辖市的范围,面积大约为40000平方千米,也就是今天所说的"长三角"。

第三是人文上的江南概念。这个江南是"日出江花红胜火,春来江水绿如蓝",也是"春风又绿江南岸",还是"姑苏城外寒山寺,夜半钟声到客船"……甚至是有些夸张到理想化的"山色如娥,花光如颊,温风如酒,波纹如绫"。江南地区地形地貌特征为丘陵、平原和多水,这里地处亚热带季风性气候,又因为河网密布,所以行舟方便,交通便捷。江南是著名的水乡泽国。长江的万里波涛,太湖的万顷烟波,使江南的文化基因中天然充溢着水的因素。水是自然界最宝贵的物质,它滋养了世间所有的生命,水稻、蚕桑、鱼盐等都是水乡特有的产物,江南风光整体上得到水的滋润,水光潋滟、烟雨空蒙、小桥流水、杏花春雨……如此温润秀美的江南,舟楫之利为商业的繁盛提供了天然便利。比较优秀的自然条件、水网密布、雨量充沛的江南因此成为中国历史上最著名的鱼米之乡，也是现代中国经济最发达的地区之一。

这里的人们丰衣足食，安生乐业，久而久之形成了文明祥和的江南文化。总体来说，江南地区人们的生产生活方式比较接近，所谓的"饭稻羹鱼"，就是最典型的江南一带的饮食文化。江南自古以来盛产柔软细腻的丝绸和坚韧锋利的兵器，两者堪称江南文化的器物标志。太湖流域是丝绸文化的发源地，江南的蚕桑业至少可以溯源到 5300 年以前，太湖南岸的钱山漾遗址出土的丝绢残片是迄今发现年代最早的丝织品实物之一。江南的铸剑业至少在春秋时就已经非常发达，吴越时期的干将、镆铘、鱼肠、湛卢等是天下闻名的宝剑。剑是短兵刃，吴越人以近身搏杀为主要作战方式。这是由于江南地区水网密布，无法展开车战。

柔若丝绸，刚似利剑，这正是江南文化的性格特征。这种生产生活方式导致了江南文化独特的审美风格和鲜明的文化基因，并使其越来越丰富。

（三）江南文脉的内容

文脉的脉，表明它是一个体现传承、创新的动态过程。

江南文脉，是指江南文化的源流脉络，是江南文化从过去到今天，并延展到未来的血脉流动。从公元前 7000 年开始，先民们在江南筚路蓝缕，相继创造了河姆渡文化、马家浜文化、崧泽文化、良渚文化。这些南方文化与北方的龙山等文化交相辉映，形成了中华文明最早的辉煌。及至周代的泰伯、仲雍南奔江南，以及两晋之际、唐代安史之乱和南北宋之交三次大规模的衣冠南渡，江南文化中不断渗入中原文明的因素，从而形成气象万千的文化奇观。

江南最值得发掘、研究、继承和发扬的有四条文脉。第一是

"历史文脉",指的是江南地区崇"德"尚"礼"的历史资源;第二是"商贾文脉",指的是江南地区经世致用、义利兼顾的经商文化资源;第三是"红色文脉",指的是江南地区百年来在中国共产党的领导下进行革命、建设和改革过程中体现出的砥砺前行、自强不息精神的文化资源;第四是"艺术文脉",指的是江南地区品类丰富、风格多样的文艺资源。

江南历史文脉,可以追溯至三千多年前的泰伯奔吴。泰伯、仲雍等品德高贵的贤者的到来,给原本落后的江南地区带来中原文明的火种,也让江南融入了中华的主流文脉。孔子在《论语》中高度赞美这位江南文化的开创者:"泰伯,其可谓至德也已矣。三以天下让,民无得而称焉。"从此,江南的历史文脉以"德""礼"筑基,并形成强调和谐、坚守道统的核心价值理念。在费孝通先生的《乡土中国》中,我们依然可以看到对"礼"之转化运用的某种肯定。"礼",成为这片土地的基肥,滋养着商贾、文艺,化育着社会,更使这里群贤云集,精英荟萃。"礼"是江南历史文脉的精神之源。

江南商贾文脉,主要是明清以来江南地区商贾阶层所表现出来的文化特征,即既有精明的商业头脑,又有兼济天下之胸襟的价值观念、道德规范和生意经验。改革开放以来的"苏南模式"则是江南商贾文脉在当代依然具有卓越创新力的鲜活证明。江南地区的商贾文脉,是中国儒家文化对商贾逐利观的道德期盼和约束,体现了商贾阶层对"德"的主动性选择。其"儒商互补,理欲并重"的理念,不仅培养了江南人敢于争先、善于创新的品格,对我们建立新时代的商业精神也是不可或缺的镜鉴。"德"是江南商贾文脉的操守之本。

江南红色文脉,在中国近现代革命史上,太多的重大事件和重要人物发生、诞生在江南地区。如中共一大、二大召开;中国共产党早期领导人瞿秋白、张太雷、恽代英诞生于常州，周恩来曾工作于南京梅园新村，解放军百万雄师渡江等，江南的红色文脉集中体现了坚守信仰、甘于奉献、不怕牺牲、百折不挠等优良品质，体现了中华儿女的民族大义。在新时代，这一红色文脉又被赋予新内涵和新价值。"义"是江南红色文脉之魂。

江南艺术文脉，书法绘画方面，东晋有王羲之、顾恺之、张僧繇；唐五代有张旭、董源、巨然；宋元之后更是大师群起：米芾、徐渭、董其昌、石涛以及"元四家""吴门四家"、清代"四王""浙派""金陵八家""扬州八怪""海上画派"、现代画家徐悲鸿、刘海粟、吴冠中……音乐戏曲方面，从魏晋嵇康的《广陵散》、戴颙的《三调游弦》到现代阿炳的《二泉映月》、刘天华的《光明行》，英才辈出，各领风骚。江南，还诞生了唱腔曼妙、水袖柔婉的昆曲；吴语软侬、丝竹悠扬的评弹；莺音灵秀、啼笑隽永的越剧；崭绝清巧、时尚包容的沪剧……江南的艺术文脉，是江南人充满文化自信，实现艺术创新的重要基础。以"美"的创造呼唤心灵是江南艺术文脉的形象表征。

经过数千年的淬砺致臻，江南人民以多样而圆融，守成且变革的智慧，建设出庙堂与市井互补，农耕与商业并存，雅俗共举，文质交融的锦绣之地。江南文脉的延续，必须从历史地理的环境，以及今后将要面临的人文自然环境加以思考。在中国进一步改革开放的当下，在人类认识到不同文化应该和谐共处、相互借鉴的理念面前，我们完全有信心迎接江南文脉灿烂的未来。

（四）江南文化最显著的特征

综观江南文化的特征，至少可以概括出这几个方面：人才、经济、艺术、文雅、情趣。

杏花春雨，涵育了一代代灵秀聪颖之士。"不识大魁为天下公器，竟视巍科乃我家故物"，明清两代，全国七分之一以上的进士诞生在江南。明清两朝全国录取进士51681人，其中明代为24866人，清代为26815人。江南地区共考取进士7877人，占全国的15.24%，其中明代为3864人，占全国的15.54%，清代为4013人，占全国的14.95%。总体而言，明清两代每7个进士，就有1个多出自江南。江南进士不但数量多，而且名次前，最为显赫，明代状元近四分之一和清代状元半数以上出自江南，三鼎甲往往为江南人囊括。明代状元89人，江南八府多达21人，占近四分之一。清代状元112人（不计2个满状元），江南各府多达58人，占半数以上。自顺治十五年到康熙三十三年的14个状元，清一色是江南人。连中三元者，清代全国仅2人，苏州有其一（即钱棨），"三元坊高竖学宫道左"，天下荣之。人称"国朝文运之盛，江苏为最，他省皆不及也"。不仅如此，江南还出现了父子鼎甲、兄弟鼎甲、祖孙状元、叔侄状元等自古稀见的科第盛况。

江南为什么出学霸？因其是富庶之地，交通便利、经济繁荣，宋以来就是文化中心，官办学校与私人书院都十分发达。公元1111年，东林书院创始人杨时学成南归无锡时，老师程颐曾感叹："吾道南矣！"在江南，"风声雨声读书声声声入耳，家事国事天下事事事关心"（顾宪成撰），激励了古今多少知识分子。

江南地域自古农副工全面发展，到明中期起形成丝织业、棉织业和刻书印书业三大经济文化商品生产基地。南朝时，《宋书》称，江南"地广野丰，民勤本业，一岁或稔，则数郡忘饥"。由北宋的"苏湖熟，天下足"到南宋的"苏常熟，天下足"都反映了这一地区之于全国的重要地位。江南地域有着全国最大的城镇发展群。康熙时孔尚任说："天下有五大都会，为士大夫必游地，曰燕台，曰金陵，曰维扬，曰吴门，曰武林。"可见清初全国五大都会，江南占其三。刘大观说："扬州以园亭胜，杭州以湖山胜，苏州以市肆胜。"江南地区无论在市镇发展数量还是市镇繁荣程度上，都是其他地区难以比肩的。

社会经济的发展导致了江南突出的赋税地位。嘉靖初年的大学士昆山人顾鼎臣说："苏松常镇嘉湖杭七府，钱粮渊薮，供需甲于天下。"洪武二十六年（1393年）全国税粮2944万石，江南八府685万石，江南占23.3%，名副其实的赋税甲天下。特别发达的社会经济，也产生了重要作用，也为近代洋务运动、近代化起步、民族资本主义的发展打下了基础，在资金、技术、人才、教育等各个方面提供了推动力。对于那些需要倾注大量时间的慢工细活，江南匠人最为擅长。江南自明以来即有趋时应求，迎合市场，讲究生产，崇尚精细雅洁的传统，在持续引领全国时尚的风潮中，江南几大重要的商品生产如丝绸、棉布及其加工业、印染业、书籍刻印业、铜铁器加工业以至副食品生产，不断得到发展。

"元四家"——黄公望、吴镇、倪瓒、王蒙，都是文人画高手，也是江南人士。他们以《富春山居图》《渔父图》《容膝斋图》《青卞隐居图》等名作著称于世，开创了江南文人山水画的传统。等到明中叶出现由沈周开宗的吴门画派，文人们除了追求独特的审美，也试图经营一种与大众有别的文雅生活。不仅以绘画，也以园林、雅集、游览、交友、赏艺来描绘生活理想。吴侬软语，形容的是"吴人讲话轻清柔美"的样子，以江南方言表演的评弹，自是娓娓动听。而华丽婉转的戏曲，也以细腻含蓄的"水磨腔"让观众心醉不已。与燕语莺声相配的，是"小、轻、细、雅"的江南丝竹，以丝弦和竹管为基本编制，有二胡、琵琶、扬琴、三弦、笛、笙、箫等乐器，悠扬起来恰似《高山流水》，热烈起来可以《金蛇狂舞》，切换之间游刃有余。

谈及园林，国内几乎没有哪座城市可以与苏州媲美，沧浪亭、狮子林、留园等9座园林被列入"世界文化遗产名录"，"苏州古典园林"几乎成为"中国园林"的代称。无锡与苏州文化上同宗同源,相距也近在百里之内,但2000多年的历史中,不但无锡的城市级别要比苏州差一个量级,而且两个城市的审美趣味也迥然不同。在专业人士的眼里,苏州园林是城市园林,是古代文人、精英文化的体现,而无锡园林更多地结合了无锡的自然环境,特别是20世纪初中国进入现代社会转型期后,一批在工商经营中盈利的资本家们也开始建造园林,使这个城市既有毫不逊于"世界文化遗产名录"水准的古典园林——寄畅园这样的精品,又有一大批体现了时代精神的晚清—民国风格园林。而具有这样完整的园林发展脉络的城市,在全国也是非常罕见的。可以说无锡的近代园林与苏州的古典私家园林,恰恰形成了艺术风格上的鲜明对比,从而极大地丰富了中国的园林文化。

（五）江南文化把中国文化精神提升到一个新境界

中国其他区域同样有着丰富灿烂的文化,特别是在中国古代占据主流的齐鲁文化、巴蜀文化,那么江南文化为什么有如此独特的地位呢？

第一,仅仅有雄厚的经济基础,即政治家讲的"财赋",并不是江南独有的特色。在中国,有"天府之国"之称的巴蜀,其富庶程度就可以与江南一比高下。第二,政治家讲的文人荟萃,也不能算是它的本质特征。这是因为,孕育了儒家哲学的齐鲁地区,在这一方面是更有资格代表中国的文化。江南之所以会成为中国民族魂牵梦萦的一个对象,恰是因为它比康熙最看重的"财赋"与"文人",要再多一点东西。多一点什么呢？这也可以在比较中去发现。比如我们可以说,与生产条件恶劣的经济落后地区相比,它多的是鱼稻丝绸等小康生活消费品;而与自然经济条件同等优越的南方地区相比,它又多出来一点仓廪充实以后的诗书氛围。一般说来,富庶的物质基础与深厚的文化积淀已经够幸运了,但江南文化的"诗眼",使它与其他区域文化真正拉开距离的,老实说却不在这两方面,而是在于,江南文化中还有一种最大限度地超越了儒家实用理性、代表着生命最高理想的审美自由精神。儒家最关心的是人在吃饱喝足以后的教化问题,如所谓的"驱之向善",而对于生命最终"向何处去",或者说心灵与精神的自由问题,基本上没有接触到。正是在这里,江南文化才超越了"讽诵之声不绝"的齐鲁文化,把中国文化精神提升到一个新境界。在这个越来越功利、商业化的消费时代中,如何消除商业的异化力量,全面提高人的生活质量,在物质小康基础上获得更高层次的精神发展,从中国区域文化的各种"小传统"看,只有江南诗性文化才最符合这种时代的需要,这两方面共同构成了江南诗性文化的现代性契机。所以说,江南诗性文化最重要的现代性意义就在于,它最有可能成为启蒙、培育中国民族的个体性的传统人文资源。

(六)无锡与江南文脉

泰伯奔吴,驻足梅里,建勾吴国,启智江南;梁鸿孟光,一路逃亡,定居鸿山,留下"举案齐眉"的佳话。梅里开启文明之光,这是江南的福祉;选择驻足无锡,这是古人的智慧。用这两个历史典故,佐证无锡文化在江南文脉中的地位。

"古往今来,无锡文化始终是江南文脉的重要组成部分。"泰伯奔吴,驻足梅里,筑城守民,汇通百渎,吴文化发源地毋庸置疑。而这恰是江南文脉的前端。

考古印证了无锡在江南文脉绵延发展的历程。东有鸿山遗址,西有阖闾城遗址,两大遗址在城市东西两端遥相呼应,昭示江南文明之光;古吴国25任君王有24任的活动轨迹主要在无锡地区,勾吴的这段历史在无锡浓墨重彩。

从地域上看，吴地与江南的中心始终是重合的，无锡地处太湖流域中心地带，很早就被誉为"太湖明珠"。一方水土养一方人，钟灵毓秀的无锡，人杰群体涌现，在各个领域对国家民族做出重要贡献，他们形成江南文脉中不可或缺的名士文化。

（七）传承江南文脉，增进高中生文化自信

"观乎天文，以察时变；观乎人文，以化成天下。"文化的力量贯穿人类社会生存和演进的始终，是一个民族进步的精神支柱，是一个民族真正有力量的决定性因素。习近平总书记在党的十九大报告中指出："文化是一个国家、一个民族的灵魂。文化兴则国运兴，文化强则民族强。没有高度的文化自信，没有文化的繁荣兴盛，就没有中华民族的伟大复兴。"文化自信不是一个简单的词语，也远不止于一句文化口号，是事关国运兴衰、事关文化安全、事关民族精神独立性的大问题。

中华文明是世界文明起源中心之一，也是世界上唯一没有间断的文明。筚路蓝缕启山林，栉风沐雨砥砺行，中华文化虽历经深重灾难却依然赓续焕发出勃勃生机。

中华文化的自信在于对其特有的精神标识的认知。中华传统文化犹如浩瀚的海洋，汇聚了前贤先哲们的心力和智慧。"四海之内皆兄弟"体现了中华民族自古以来重和谐、重友爱的精神，"苟日新，日日新，又日新"是华夏子孙勇于革新的思想源泉，"民为贵，社稷次之，君为轻"展现了中华传统文化以民为本的思想，"各适其天"包含着中华民族从古至今的生态哲学和生态伦理思想，"位卑未敢忘忧国""苟利国家生死以，岂因祸福避趋之"诠释了中国人长久以来的报国情怀。

经过几代人前赴后继、不屈不挠的奋斗，中华民族从站起来、富起来到强起来，让世界看到了中华民族与历史命运相搏的顽强韧

性和中华文化自强不息的生命力。"五四精神""红船精神""长征精神""延安精神""红岩精神"和"大庆精神""雷锋精神""焦裕禄精神"以及"两弹一星精神""抗洪精神""抗震精神"等革命文化与社会主义先进文化，让世界赞叹不已。中华文化的自信在于坚信在中华民族生生不息的历史中形成和支撑着我们一路走来的中华理念、中华精神、中华气度和中华神韵，既葆有传统文化的古老辉煌，又继承了革命文化和社会主义先进文化的正确发展方向。如同星辰亘古不熄，中华文化影响力同样恒久致远。

中华文化的自信还在于这种自信是具有时代性的命题，它既是一种文化的自主和自觉，对自身所禀赋和拥有的文化价值的充分肯定和积极践行，也是应对外来不良思潮冲击与侵蚀的核心力量。随着经济全球化进程的不断加快，世界多元文化之间的碰撞和冲突也愈演愈烈，我国传统的主流价值观面临重大挑战。我们必须意识到，越是全球化越需要始终不渝地坚守民族文化的根性和本位，越需要民族文化的自信和自强。习近平总书记强调，"文化自信，是更基础、更广泛、更深厚的自信""中国有坚定的道路自信、理论自信、制度自信，其本质是建立在5000多年文明传承基础上的文化自信"。这掷地有声的宣言，将文化自信与"三个自信"上升到同一高度，表明文化自信是道路自信、理论自信、制度自信的汩汩源泉和滚滚动力，是民族精神与时代精神的交相辉映，更是吹响中华民族伟大复兴新征程的精神号角。

文化自信来自哪里，我认为重要的来源是对身边一草一木的认同，是对本乡本土文化的认同。因此，在尊重传统的基础上，重新提炼江南文化的精神价值和文化内涵，增加认同感，进而提升植根于本乡本土的文化自信，是重新发现江南的意义所在。

三、教学反思

高一学生对古典诗词中的江南意象有一定的了解,讲稿中准备的古诗词大多数学生比较熟悉,用飞花令的形式可以调动学生参与的积极性。对江南文化的一些表征如"鱼米之乡""文教昌隆"有所了解,课堂上通过让学生结合他们熟悉的清明桥景区、春节惠山古镇的热闹与小吃品种的讨论,让他们对江南给出具体的描绘。课上设计了这么一个环节:如果让你拍摄一部短视频介绍江南文化,你会拍摄哪些图景?经过讨论,共同设计出烟雨中的江南园林、丰收的农田、热闹的庙会、众多的无锡美食,以及江南特色的戏曲表演,等等,初步达到"激发热爱家乡的情感"的教学目标。江南的地理概念要在后续课程引导学生进一步了解。学生比较困难的是对江南的文化特征的理解,特别是诗性江南的文化内涵,学生缺乏形而上的概况,这一点也是可以理解的,因此后续要通过安排学生研学旅行、查阅资料、项目学习等方式逐步深化对江南文化的认识。

第二讲　江南望族的家风与家训
——小娄巷谈、秦、孙、王四大家族的家风传承

一、教学目标

本课通过小娄巷的现场教学，让学生走进家乡的古老街巷，寻找历史遗迹。在小娄巷谈、秦、孙、王四个名门望族的家族故事中，体会无锡深厚的历史文化底蕴和独特的城市精神，让学生以"我的家乡是无锡"为荣，引导学生热爱家乡，热爱祖国。

二、教学过程

【导入】

教师：今天我们现场教学的第一站是小娄巷。在正式进入小娄巷之前，我想考考大家对家乡无锡的了解情况，大家能否列举一下无锡的地标性历史遗迹？

学生：崇安寺（钟楼）、南禅寺、清名桥、寄畅园、龙光塔。

教师：很好！能不能列举一些无锡古代和近代的名人呢？

学生：王选、秦邦宪、钱伟长……

教师：那么咱们无锡都有哪些名门望族呢？

学生：秦氏、华氏、钱氏。

教师：刚刚同学们列举了无锡的许多历史遗迹、文化名流和名

门望族,可见,我们的家乡无锡,是一个人文荟萃、名人辈出的江南城市。可以说,我们无锡的历史文化里流淌着江南的文脉,是我们的文化基因所在。今天,我们即将走进的小娄巷,又是我们无锡城里望族最为集中、文化底蕴最为深厚的一块宝地。刚刚大家列举的寄畅园、龙光塔、崇安寺钟楼、清名桥都和这小小的巷子有关,大家熟知的近现代无锡名人王选、秦邦宪等也都是从这条巷子里走出的。

第一教学点:小娄巷口

"鸣珂锵锵千年簪缨华族　藻思彬彬一时绰冠群英"

珂是指古代车马龙头上的配饰,大户人家一般用玉,车马走在路上发出叮叮咚咚的美妙声音叫作"鸣珂"。小娄巷旧称"鸣珂里",说明这个地方千年以来,就是名门望族聚居之地,车水马龙一派繁华。再来看下联,"藻思"就是文采,"藻思彬彬,一时绰冠群英"就是文章才华冠绝群英。这副对联说明了小娄巷的特点——一个名门望族的聚居之地。

请大家跟着我来看这幅《小娄巷记》,它告诉我们,小娄巷始建于南宋初年,也就是大约在公元1127年,至今已近千年历史。这里聚集着无锡的谈、秦、孙、王等书香门第,明清两代,这里走出了1名状元、13名进士、15名举人、近80名秀才。近现代和当代的两院院士、著名高校校长亦频出此处,是苏南地区名副其实的"才巷",被称为"江南书厢"。因此,小娄巷在2002年被列入江苏省重点文物保护单位,2013年又被列入全国重点文物保护单位。

这些家族既是著名的科举世家,也是世代为官的簪缨世家,还是家学深厚的文化世族。那么小娄巷的文脉为什么可以传承千年不衰呢?秘诀就在于这里的两句话——"户户家风高扬,堂堂族训传延,读书做人,修身养性"。

从文化传承性来看,以家训为主要表现形式的家族教化主要体现在家风和家学两个方面。钱穆在《略论魏晋南北朝学术文化与当时门第之关系》中说:"门第传统共同理想,所希望于门第中人,上自贤父兄,下至佳子弟,不外两大要目:一则希望其能具孝友之内行,一则希望其能有经籍文史学业之修养……前一项之表现,则成为家风;后一项之表现,则成为家学。"家风重在立德,包括人格道德、思想品性、伦理关系和行为规范等;家学重在立业,包括经史为主导的学术、诗文为主体的文学和书画为代表的艺术等。江南望族家训正是从这两方面教化来传承江南世家文化。江南望族以家风与家学形成强烈的家族意识,不仅使得这些名门望族绵延不绝,经久不衰,而且最终影响了江南地域文化,使得江南成为一方读书崇文、尊儒重德的儒雅之地。

第二教学点:谈氏宗祠

谈氏家风

1. 谈氏宗祠

宗祠,即祠堂、宗庙、祖庙、祖祠,是供奉祖先和祭祀的场所,是我国儒家传统文化的象征。古代家族在这里纪念祖先,教化族人,凝聚家族血缘和感情。作为家族悠久历史和传统文化的象征与标志,具有无与伦比的影响力和历史价值。

2."溯派汴梁"

在谈氏宗祠的大厅中梁,悬挂着宋高宗御赐的"溯派汴梁"金匾。这句话是什么意思呢?"溯派"就是探寻根源的意思,"汴梁"就是开封。说明谈氏家族来自中原开封,那里是北宋的故都。谈氏先祖谈信是宋高宗的老师,宋翰林院博士,随高宗南渡,到了江南,定居无锡,高宗御赐金匾——溯派汴梁,告诫谈氏族人不要忘记中原故都,复兴中国。可以说,这四个字从家到族,从族到国,点出了谈氏家族传承血脉、族脉、文脉和国脉的家族使命。

3."经术儒宗,世传隐德;勋华政绩,代有伟人"

在谈氏宗祠厅柱上有楹联三副,其中一联道:"经术儒宗,世传隐德;勋华政绩,代有伟人。"这里的两句话尤其引人注目,讲明白了谈家的家学和家风。

"经术儒宗"——说明谈氏族人世代以儒学为宗,诗书传家。

明代中叶,谈氏连出3名进士、3名举人,御赐绣衣坊、钟秀坊、毓英坊、文献坊、进士第坊、丛桂坊、进士世家坊7座牌坊。谈氏在明代显赫一时,居于槐树巷至六箭河、南门谈渡桥等地,有"谈半城"之说。

"世传隐德"——说的是谈家后人,都是道德十分高尚的人。

谈家不仅是一个科举世家,也是一个医学世家。族人世代精通医术,悬壶济世。九世女谈允贤(1461—1556),中国古代四大女名医之一,医术精湛。擅长内科,尤精于妇儿科。她编著的《女医杂言》一书,是我国历史上现存最早的女性医家著作,弥足珍贵。她是现今影视剧《女医·明妃传》主角的原型。

十世祖谈恺(1503—1568),官至显位,旷达文雅。谈恺字守教,号十山,嘉靖五年(1526)进士,官至都察院右都御史,任兵部右侍郎时兼任两广总督,曾领导过戚继光进行抗倭及抗击葡萄牙人入侵,在进剿海寇中功勋卓著。谈恺致仕归里后,在小娄巷建有万备堂,补校重刻过北宋名著《太平广记》,广为世人称道。

第三教学点:秦氏福寿堂
秦氏家风

【锡山秦氏概况】

我们现在所在的地方是无锡秦氏家族——秦焕的故居,这栋建筑也称作"福寿堂"。说起秦焕，大家可能不了解。但他的先祖大家就比较熟悉了，是北宋著名婉约派词人秦观，即秦少游。秦少游是苏轼的弟子，也是好友。有一次，秦观和苏轼同游无锡惠山，爱慕无锡山水，赋诗三首。后来，秦观之子秦湛任常州通判，将父亲的灵柩安葬惠山（今天我们还能看到惠山之麓的秦观墓）。从此以后，历经宋、元、明三朝，秦氏后人迁居无锡，形成了今天的锡山秦氏家族。无锡秦氏，科第昌盛，是东南地区一等一的科举世家。明清两代出了 34 名进士，77 名举人。其中有清代的秦鉽、秦蕙田、秦勇均三人列一甲第三，有"一门三探花"之誉。进士中有 13 人点翰林，入翰林院，其中位列一品的有 3 人，二品以上有 9 人，三品以上有 19 人。秦氏家族从科举世家演变成世代为官的簪缨世家，这在全国也是十分罕见的。

【左侧名人展厅】

锡山秦氏家族在无锡留下了许多珍贵的文化遗产，其中有全国重点文物保护单位寄畅园、秦邦宪故居、小娄巷建筑群、清名桥、秦观墓、无锡县立图书馆旧址（崇安寺图书馆）、文渊坊，等等。

秦氏后人中，也有许多文化名人。这里，我们主要来看两个人：

1. 秦邦宪（1907—1946），中国共产党早期领导人。他的另外一个名字我们更为熟悉——博古。这是因为他早年留学苏联期间，给自己取了个俄文名字——博古诺夫，回国后他因为从事地下工作，因此化名博古。1925 年底加入中国共产党。1931 年，23 岁的秦邦宪就担任了中共临时中央主要负责人。后来，在国共十年对峙时期，走了"左"倾的错误路线，在遵义会议上被解除了中共最高领导职务。之后他一直从事党的宣传工作，任新华社社长，主持延安《新华日报》和新华通讯社。1946 年 4 月 8 日，秦邦宪乘美国运输机由重庆返延安汇报工作，因飞机失事在山西遇难。毛主席题词"为人民事业而死,虽死犹荣"。

2. 秦毓鎏(1880—1937),号效鲁,中国近代资产阶级革命家。1904年,与资产阶级革命家黄兴等人在长沙成立华兴会,黄兴任会长,秦毓鎏任副会长。1911年11月,辛亥革命爆发,秦毓鎏在无锡发动起义,响应革命,推翻了清王朝对无锡的统治,当时民间有对联描述这件事情——"拔赵帜子新下野,泣秦庭效鲁登台",后来他成立锡金军政府,被推为总理(继称总司令)。南京临时政府成立后,应孙中山先生邀请,任总统府秘书。袁世凯窃取革命果实后,他回到无锡任县长。主政期间,主持创办了今天连元街小学的前身——竢实学堂(我国最早的新式学堂之一)、崇安寺图书馆,对无锡地方的教育、文化和政治发展起到了重要作用。1913年,因为声援孙中山"讨伐袁世凯"的"二次革命"被捕入狱。

【福寿堂正厅】

秦氏家训:保身保家不外安分守己,立名立行只在修德读书。这样的家训使得锡山秦氏家族成为无锡乃至全国著名的孝友之家和文献之家。

第四教学点:秦毓鎏故居

【佚园】

我们现在来到的是秦毓鎏的故居——佚园。这个"佚"字是什么意思呢?在古文中通"逸",安逸的意思。佚园建于民国初年,"二次革命"失败后,饱受牢狱之苦的秦毓鎏回到家乡无锡,筑园安度晚年。他给自己的园子取名"佚园"。在《佚园记》中,秦毓鎏自己说到50岁时,身体常常生病,牙齿也渐渐稀疏,感叹岁月无情。他说:"这正是上天不得不让我安逸下来了吧!"所以把这个园命名佚园。言语之中我们还是可以听得出,秦毓鎏面对当时的革命形势,心中充满了壮志未酬的不甘,却又有些灰心丧气。

【乐天碑刻】

同学们,我们来看这块碑刻。碑刻上书"乐天"二字,落款为"孙文",就是孙中山先生,右侧写有"效鲁兄正",孙中山先生称呼秦效鲁为兄,可见其对秦毓鎏的尊敬。旁边有胡汉民题写的两首词。孙中山先生手书"乐天"二字,正是为了鼓励秦毓鎏,期待他乐观豁达,对未来要充满希望。这让我们想到了1932年,孙中山先生讲的一句名言:"革命尚未成功,同志仍需努力。"

第五教学点:孙氏少宰第

我们现在所在的地方,是小娄巷的第三个大家族——孙氏。说起孙氏家族,最重要的一位名人,便是状元郎——孙继皋。据说,在孙继皋之前,无锡出了当地史上第一位状元蒋重珍。然而,好运似乎一下子用完,几百年间,无锡再无人中状元。明代正德年间,昆山状元顾鼎臣游锡山,认为"士无巍科,乃不角耳"。惠山又叫九龙山,像一条龙,锡山就像龙头,龙头没角,就不出状元。顾状元给了一条建议——建塔。嘉靖元年,顾懋章父子采信此议,建造石塔,以镇风水。然而此后数十年,还是无人高中。原来"龙以角听,塔宜中空",也就是说龙要靠角来听,因此塔应建成中空的,石塔实心,故而不灵。万历二年,邑人再建七层八角楼阁式砖塔,以振文风。没想到,塔建成这一年,无锡人孙继皋果然高中状元,名震梁溪,任翰林院修撰,历任经筵讲官、少詹事兼侍读学士、礼部转吏部侍郎等职。他的故居被称为少宰第。

第六教学点:王氏嘉乐堂

小娄巷中段是嘉乐堂王氏聚居之地。王氏书香门第,科名绵延不断,累代簪缨。明代有礼部郎中、翰林王表;父子进士王表、王立道;兄弟进士王永吉、王永积等。新中国成立后一连出了三名中科院院士：王序、王迅、王选。

嘉乐堂王氏，自古有家训："孝悌为田，廉耻为本，读书乃第一义"。

王赓（1895—1942），著名爱国将领。1911年清华大学毕业后保送美国，先后在密歇根大学、哥伦比亚大学、普林斯顿大学就读，1915年获普林斯顿大学文学学士后转入美国西点军校学习，是美国总统艾森豪威尔的同班同学。王赓回国后任教北京大学，曾任警卫军独立旅旅长、军政部研究委员等职，并以中国代表团武官身份随陆徵祥参加巴黎和会，后任交通部护路军副司令并晋升少将，1942年被任命为赴美军事代表团成员，途中在埃及开罗病逝，年仅47岁。

王序（1912—1984），中科院（化学）学部委员、院士、王赓之弟。他幼年丧父，家境困难。靠大哥供养，在北京上小学，后回无锡入辅仁中学。高中毕业后，他进入上海沪江大学化学系，1935年毕业。1936年去奥地利维也纳大学深造。1940年获奥地利维也纳大学博士学位，1950后任北京医学院教授。较早从事测试中国草药射干、丹参、土大黄、益母草等的成分及结构。50年代以后主要从事杂环化合物、糖类化合物、核苷酸及中药活性成分的研究，从200多种中药的600多个提取物的研究中获得有意义的活性成分信息。在抗肿瘤药物的研究中，系统地研究了硫代糖和去氧糖的合成以及嘧啶、嘌呤类抗苷酸的合成，其中一些三嗪类化合物和它们的核苷，经证明是有效的抗癌剂。王序积极参加各种社会活动。1978年，当选为第五届全国人大代表及第五届全国政协委员。1979年，当选为中国药学会副理事长。1980年，当选为中国科学院化学部学部委员、中国科学院院士。1983年，当选为第六届全国政协常委。他还曾任中国化学会常务理事、国务院学位委员会药学组副组长。

王迅，1934年生于上海，1956年毕业于复旦大学物理系，

1960年复旦大学研究生毕业后留校任教，1990—1997年任复旦大学应用表面物理国家重点实验室主任，1993年起任国际纯粹与应用物理联合会（IUPAP）半导体委员会委员，《Surface Science》顾问。1999年当选为中国科学院院士。

王选（1937—2006），中科院和工程院院士，被誉为"当代毕昇"，1958年毕业于北京大学数学力学系，后一直从事计算机领域的教育和研究工作，1975年开始主持我国计算机汉字激光照排系统和以后的电子出版系统的研究开发，开创性地研制当时国外尚无的第四代激光照排系统，针对汉字印刷的特点和难点，发明了高分辨率字形的高倍率信息压缩技术和高速复原方法，率先设计出相应的专用芯片，在世界上首次使用控制信息（参数）描述笔画特性的方法，并取得欧洲和中国的相应发明专利。此后，他又相继提出并领导研制了大屏幕中文报纸编排系统、彩色中文激光照排系统、远程传版技术和新闻采编流程管理系统等，这些成果达到国际先进水平，在国内外得到迅速推广应用，使中国报业技术和应用水平处于世界最前列。王选院士也被誉为"有市场眼光的科学家""高新技术产业化的先驱"。2002年初，鉴于王选院士在科技领域做出的杰出贡献，国务院授予他国家最高科学技术奖。2003年当选为第十届全国政协副主席。

三、教学反思

小娄巷的现场教学多以个人讲述为主，设置的情景探究比较少，现场教育更加接近导游解说，历史课堂的味道不足，应该更加注重学生的主体性，设计教学互动环节，引导学生发现历史，发现问题，再一起解决问题。

第三讲　江南祠堂文化和家风传承

一、教学目标

　　江南地区经过明清两代的经济发展，人民生活富裕。于是在物质生活得到巨大满足之后，人们开始重视本地区的教育。重视教育除了兴办学堂之外，修建祠堂也成为人们教育后代的一个重要场所。在惠山古镇一座座先贤祠中，供奉了千百年来中华民族精神文明诸多集大成者，在他们身上闪耀着中国传统文化的光彩。在四个授课点上，通过讲述祠主的故事，让学生体验传统文化的精神，提升文化自信，达到立德树人的目标。

二、教学过程

第一教学点：五里香塍牌坊

授课重点：
1. 为什么会有这么多祠堂汇集于此？
2. 惠山古镇的地理优势。

　　今天我们看到的惠山古镇，历史上自唐、宋至民国末期，记载的祠堂及祠堂建筑物总数在 120 处以上。那么为什么这里汇集了这么多的祠堂呢？最浅层的原因就是这里的地理优势，无锡的城市中心是现在的崇安寺，当时的城规模并不大，无锡一共有四个城门，地点分别在现在的胜利门（北门）、东林广场（东门）、南禅寺（南门）、西门桥（西门），当时交通不发达，于是当时离无锡城区最近的、背山面水的第一等好地方就是现在的惠山古镇。于是我们能够理解为什么无锡市最著名的园林寄畅园会坐落在此处，清朝康熙、乾隆两帝来过无锡12次，这12次接驾地点都选择在惠山古镇的龙头河。

所以惠山古镇是当时无锡老百姓心中景色优美、交通方便、风水好的第一等好地方。

我们面前的这个牌坊可以印证惠山古镇的地理优势。首先我们来看正面，这上面四个字是"五里香塍"。这里的"五里"是指无锡人出了西门，走到这里大约是五里。最后一个字，"塍"的意思是田间的小路。中间的这个"香"则表现了这条路在当时无锡老百姓心中的地位。因为这条路是当时无锡城通往无锡第一名胜区的路，所以早在元代、明代，这里一路上就种满了古树名木，明初浦长源有诗云："出郭楼台三四里，游人不得见山容。"每当春日，桃红柳绿，鸟语花香，芳草鲜美，落英缤纷，游春踏春者络绎不绝。有民谣云："惠山街，五里长，踏花归，鞋底香。"所以在无锡人的心中，春天的路是香的。

牌坊后面的这个"九峰翠嶂"则概括了这里的环境特色，"九峰"表现了这里锡山、惠山连绵起伏的山峰，"九"这个字在中国的古文中并不是一个确指的数字，而是言其多。"翠"则是表现了这里的植物四季常青的特色，再加上人们站在这里回望四周，山峰就像屏障一样，所以称为"九峰翠嶂"。

同学们会发觉，这两个匾额一正一反，它们是对仗的。"五里"对"九峰"，数字的相对，"香塍"对"翠嶂"，一个形容嗅觉，一个形容视觉。

第二教学点：徐孺子祠

我们走进的这个祠堂称之为徐孺子祠，它所祭拜的是东汉时期的名士徐稺（zhì），字孺子。王勃的《滕王阁序》中有这样一句话"人杰地灵，徐孺下陈蕃之榻"，讲的就是关于徐孺子的典故。陈蕃是当时江西豫章郡的太守，这个太守非常有见识，他认识到豫章郡要发展，最重要的资源就是人才资源，为了表示对徐孺子的敬重，专门为徐孺子做了一张床榻，平时挂在墙上。徐孺子来访的时候，就把床榻放下来，两个人惺惺相惜，秉烛夜谈；徐孺子走了，就把榻悬于梁上。这就是"徐孺下陈蕃之榻"典故的由来。

现在这个祠堂被改建为惠山祠堂的管理处，介绍整个惠山祠堂的全貌。那么接下来就请同学们阅读墙上关于惠山祠堂的介绍，在阅读时关注两个问题：1. 在这些祠堂所祭祀的人物中，有哪些是我们耳熟能详的？ 2. 中国传统文化中，祠堂有哪些分类？（大约看5~10分钟）

祠堂分为家祠、先贤祠等。

我们发现这个祠堂中的祠主，并不都是无锡人，比如范仲淹是苏州人，刚才我们所讲的徐孺子是江西南昌人，司马光是山西人。但是为什么在这条街上会有这么多的祠堂呢？他们建造的目的是为什么呢？（学生回答）

对，他们建造的目的就是为了教化子孙。无锡的城市精神由八个字组成：尚德、务实、和谐、奋进。排在首位的就是尚德，我们推崇高尚的德行，我们的先民希望用古书中一切人类最美好的品德来教化他们的子孙，所以，不惜斥巨资在这里为他们心中的偶像建祠堂。所以刚才在"五里香塍"的牌坊下面，我曾经问过同学们一个问题，在惠山古镇上为什么会汇集这么多祠堂？最浅层的理由在于它的地理位置，那么更深层的理由是什么呢？教育！

另外，同学们可以将我们心目中的祠堂和眼前这些祠堂做一个

比较，我们想想以往我们心目中的祠堂，它是用来做什么的？（祭祀祖先）

为什么要祭祀祖先？一则为了表达对祖先的怀念，二则通过祭祀，希望能够赐福子孙，家族兴旺。

从惠山祠堂群的建造可以看出，无锡百姓将自己对未来的期望，更多地寄托在了对后代的教化上，通过教育来使家族兴旺。数百年前的无锡先辈们集资建立这些祠堂，其初衷不仅在于祭祀本家祖宗，他们更多的希冀在于通过建立这一个又一个祠堂，让先贤的文字声声入耳，让先贤的精神浸润心田。如此而来，每逢清明、冬至，每一次祭祀都是一次充满仪式感的教育，每一次教育都有屏息凝视之后的思考和领悟，每一次领悟都是文脉的悠悠流转，家风的代代相传。

看着墙上的这些先辈们，我们依稀可以推断出他们设立祠堂的初衷。

比如，司马温公祠。

用建立先贤祠的标准来衡量，司马温公祠能够伫立在绣嶂街上，受无锡人民四时之香火，为无锡的少年子弟讲述一个又一个充满人生智慧和修养的故事，他是再合适不过了。

司马温公祠，祭祀的是北宋著名的宰相司马光。其实，用司马光的官职来介绍他，并不合适，在华夏儿女的心目中，司马光受万世之敬仰，并不是因为他的高爵显位，而是他身上所具有的智慧、沉着、勤奋以及深沉丰盈的才华和敦厚质朴的德行。而这些恰恰都符合中华传统文化中对于一个人所要求的最核心的素养。

让我们捋一捋思路，突然发现司马光在我们中国人的生活中真的从小到大都是以偶像的姿态存在的。

【一首儿歌】

中国的孩子是幸福的，因为在我们的记忆里住着一个司马光。

回忆一下，当我们刚刚能够准确顺畅地朗诵完以"小花猫""大黄狗"为主角的儿歌时，家长们就不满足了，觉得教儿歌应该更有含金量了。有含金量的儿歌在哪里？于是几乎在每一个中国人的家庭里，年仅7岁的司马光就带着光环闪亮登场了。

儿歌中的司马光身上自有一种临危不乱的老成、急中生智的勇气，这些品质于父母而言，就应该是自家孩子身上的标配。一代又一代的父母是如此认为的，那么它就成了一代又一代中国孩子心中最庄重的早期教育。

想想当时的无锡老百姓，穿上最时新样式的衣服，挤过热闹的惠山庙会，给孩子盛上一碗多放了虾米皮的豆腐花，递上了咬上一口能滴出糖汁的酥饼时，一定还会抬脚跨进司马温公祠，指着祠中的牌位，看着墙上的木雕，给自家的孩子轻声吟唱起这首儿歌！

【一段小古文】

对于读书，中国人最讲究一个"勤"字，所谓勤能补拙。讲到勤，似乎举不胜举。纵然如此，有一个例子是万万不会绕开了，那就是司马光的"警枕"。

相传，司马光著《资治通鉴》时，天天秉烛到深夜，凌晨又伏案提笔，十九年如一日。他怕因困乏睡过了头，就睡在一个光滑的圆木枕上，只要一翻身，头便落枕，即被惊醒，继续伏案，故名曰"警枕"。

司马光的"勤"是值得后人敬仰并借鉴的。想想司马光当政时期，北宋的朝堂之上真是灿若星辰，欧阳修、范仲淹、王安石、苏轼等都昂然站立着，皆是中国历史上一流的好人物。司马光身处其间，丝毫没有黯淡的感觉；相反，除了卓越的政绩，他的手头还有一本卓越独出的所在——《资治通鉴》。这是一本需要呈献给皇帝读的课本，它关系的是大宋江山的万年基业，轻忽不得，和为政相比，这更是一件不能投机取巧的事情，唯有一桩桩地考证，一笔笔地记录，才能成信史，才能经得起后人推敲。如此，温良敦厚的司马光，除了"勤"，还真的没有其他的法宝。

"司马温公幼时，患记问不若人。群居讲习，众兄弟既成诵，游息矣；独下帷绝编，迨能倍诵乃止。用力多者收功远……"当语文老师一字一句，抑扬顿挫地教授初次接触文言文的我们时，我们有没有在心底闪过感动。此时的你大约14岁，我们陡然发现孩提时代的偶像在心中又一次立了起来，这一次则是因为他的勤奋。

【一部著作】

当翻开《资治通鉴》，此时的司马光已经变成了"朝散大夫右谏议大夫权御史中丞充理检使上护军赐紫金鱼袋臣司马光"，而且每一卷都有。青年时期初次读它的时候，最好奇的是"紫金鱼袋"是个什么东西？是"紫/金鱼袋"？还是"紫金/鱼袋"？什么材质的？用来装什么的？似懂非懂的好奇，天马行空的想象，是读古文时的乐趣。

然而，读《资治通鉴》的收获，却远不止这些乐趣。

如前文所言，追根溯源，《资治通鉴》就是一本专供皇帝阅读，学习治国理政的教科书。"光常患历代史繁，人主不能遍鉴，遂为《通志》八卷以献。"这是《宋史·司马光传》中关于《资治通鉴》编纂缘由的记载。因为"以史为鉴，可以正得失"，但历代史书卷帙浩繁，君主百忙之中又不可能全部阅读，于是司马光所做的便是去粗取精。

何者为精？精，便是司马光认为的治国理政的根本。

司马光说："为政之要，莫先于用人。"他认为国家兴盛与否，归根到底在于能否善用人才。在《资治通鉴》中，原本惜字如金的司马光却详细记载了唐太宗和封德彝的一段对话：唐太宗令封德彝举荐贤才，封德彝不但未能举荐，而且说"但于今未有奇才耳"，听罢此言，唐太宗严厉批评了封德彝，"君子用人如器，各取所长，古之致治者岂借才于异代哉！"此处，司马光正是借着唐太宗的口，写出了他的人才观，对待人才，就像对待器物一样，要善于利用他们的长处；如能慧眼识才，则天下多是可用之人；天下多是可用之人，则百姓安康，天下大治。

然而对于人才，是否有才即可，司马光的另一句话则是对"用人如器"的补充。他说："才者，德之资也；德者，才之帅也。"德行、品德是才华的统帅，而才华和才能是德行的辅助因素。拥有良好的德行，才华便会被使用在真正利国利民的方面。同时，拥有出色的才华，你才能为你心中的家国天下出一份自己的力。

独乐乐不如众乐乐，在英宗、神宗成为它忠实读者的同时，《资治通鉴》迅速地由庙堂之高传播到了江湖之远。让我们来看一看在《宋史·司马光传》中讲到的当时天下百姓对司马光的认可，"天下以为真宰相，田夫野老皆号为司马相公，妇人孺子亦知其为君实也"。"赴阙临，卫士望见，皆以手加额曰：'此司马相公也。'所至，民遮道聚观，马至不得行"。

好一个"民遮道聚观，马至不得行"！如此盛况，自有宋一代绵延千载，在锡惠山下、古运河旁的绣嶂街上，每到惠山庙会，司马温公祠前还是如此。白头老翁携着垂髫稚子，指着牌位上历千年而不朽的那个名字，为眼前的孩子讲着当年自己的爷爷，在这里为自己讲述的那个故事……

比如忠肃公祠（于谦祠），于谦曾经写过《石灰吟》："千锤万凿出深山，烈火焚烧若等闲。粉骨碎身浑不怕，要留清白在人间。"我们的先辈希望子孙为官能够"干净、有担当"。

所以，对我们的先辈来讲，惠山古镇祠堂群中所产生的祠堂文化是进行爱家、爱族、爱国主义教育的场所。

第三教学点：范文正公祠

据说，在滕王阁前能背《滕王阁序》全文，便能免费登楼参观，于是楼前背书者甚众。

那么，走进范文正公祠我们能否背《岳阳楼记》？（能）

然而，范仲淹的魅力还远不止如此，"仰之弥高，钻之弥坚"，范公的精彩几乎涵盖了所有我们对士人官僚的想象。

治海患，修河道。范仲淹初任泰州西溪盐官时，下辖地区，每年受黄海倒灌，人畜殁亡无数，土地盐化，耕地面积逐年递减。范仲淹克服诸多困难，筑堤坝，拦截海患，从此人民安居乐业。范仲淹在任苏州太守时，面对苏州城遇雨成灾的现状，提出"修围、浚河、置闸"的治水方略，从此解除水患。自南宋一直到元、明的江南地方官员，都依照这个方略治理水患。老百姓称颂曰："我思范公，水愿堤长。"

选良将，御西夏。公元 1040 年，范仲淹被调往西北前线，担任陕西经略安抚招讨副使。范仲淹提出"积极防御"的守边方略，即在要害之地修筑城寨，加强防御工事，训练边塞军队，以达到以守为攻的目的；精练将帅，使西北军中出现了像狄青这样的名将；建立营田制，解决军需问题，使军队面貌一新，应变能力和作战能力大大提高。就连西夏统治者元昊也感叹"小范老子胸有十万甲兵！"

切时弊，重改革。西夏甫定，戎装还未及脱下，范仲淹就被召回京城。宋仁宗在天章阁接见了范仲淹，主要有两件事：一、升范仲淹为参知政事；二、和他讨论国家改革事宜。范仲淹针对当时朝廷的时弊，结合其从政 28 年来的改革思想，提出"十事疏"，这就是著名的《答手诏条陈十事》。原来，对于朝廷的时弊，范仲淹了然于胸，沉痛于心，当然不会坐失这次在朝廷的支持下厉行改革的机会。《宋史》中记载，范仲淹共提出"明黜陟、抑侥幸、精贡举、择长官、均公田、厚农桑、修武备、推恩信、重命令、减徭役"等十项改革措施,主旨思想是通过精兵简政,卸下朝廷的政治经济包袱,进而达到富国强兵的目的。宋仁宗十分满意,即行颁布全国,这次改革成为接下来王安石变法的前奏。

精准扶贫,教育兴乡。范仲淹眼中的"家",不局限于个人的小家,而着眼于整个宗族。范仲淹为官略久,有一些积蓄之后,就用自己的俸禄在家乡苏州置买良田作为义田从而设立义庄、义学。救助家族中孤老贫弱,兼及"乡里、外姻亲戚"。如有穷困不能度日,或者遇上天灾人祸者,"即于义田米内量行济助",使之"日有食,岁有衣"。

范仲淹是一位由"寒儒"成为进士的读书人,所以家乡的教育始终牵动他的心。他在家乡设立义学,凡是家贫欲学者皆能入义学读书。范仲淹在苏州的一处宅邸,也被捐献出,在此基础上设立苏州府学文庙。范仲淹捐宅兴学的举动在当时影响极大,以至当地富户纷纷效仿。据说"吴学"日后的兴盛即得益于此,并有了"苏学天下第一"的说法。

关于教育,关于义庄,我还想举两个例子,第一就是《红楼梦》中关于家塾的一段描写。《红楼梦》第十三回里,秦可卿死之前托梦给王熙凤,交办了两件事:一个是祖茔四时祭祀,无一定钱粮,另一个是家塾虽立,但无一定供给。她让王熙凤趁着现在多买田地,以备家族没落后得以存活。对秦可卿的托梦历来说法较多,但我认为红学专家周汝昌老先生的点评比较靠谱。他的点评是这样的:秦氏一席话惊心动魄,字字清楚,句句确凿,试问岂是梦中之言?故我谓秦凤二人素日常有互谈心事,虑及日后成败荣辱之大计。

作为清代人的曹雪芹,对于一个家族的兴衰,他认为最重要的就是祖茔和家塾。这种概念的发端,就是来自范仲淹。他认为只有教育才是一个家族持续兴旺的根本。

另一个例子，就是无锡的荡口古镇。荡口古镇上居住的是无锡的望族"华家"，这个家族确实千年以来人才辈出。荡口华氏，则为无锡第一大家族。不仅有古时铜活字印刷代表人华燧、唐伯虎点秋香里的"华太师"华察，还有近代的数学家华蘅芳、华世芳兄弟，杰出的刺绣艺术家华图珊，音乐家华秋萍，养蜂大王、民族实业家华绎之，美术家华君武等。荡口古镇上最著名的景点就是华氏的义庄。这个义庄模仿的就是范仲淹，只要是华氏子孙都能去义庄读书，不仅不要学费，而且还分发生活费。当然，如果子孙稍有行为不端，也会被逐出义庄。

我们可以看出，这些大家族的兴盛都源于教育，所以我们能理解为什么无锡人如此重视教育。明清两代，一共有进士51681人，其中明代无锡出了228人（第三），清代出了230人（第六），一甲前三名出了14个（第六）。

第四教学点：张中丞庙

这个祠堂是我们沿路上看到的祠堂中最大的一个——张中丞庙，早年的无锡人称为大老爷庙。因为在无锡的地方神仙中，张中丞被称为大老爷。

第一位就是站在正中的将军——张中丞，本名张巡。他是唐代的一名将领，在安史之乱中，张巡与许远在内无粮草、外无援兵的情况下死守睢阳，前后交战四百余次，使叛军损失惨重。有效阻遏了叛军南犯之势，遮蔽江淮地区，保障了唐朝东南的安全。最终因粮草耗尽、士卒死伤殆尽而被俘遇害。

张中丞庙和刚才我们所有介绍的祠堂不同，无论是范仲淹、司马光，还是于谦、徐孺子，历史上人们对他们的评价是比较一致的，而张巡则是在相当长的一段时间内富有争议的人物。

为什么呢？因为据说在死守睢阳城时，张巡的军队在内无粮草、外无援军的情况下吃人肉来守城。所以，在中国历史上一直有两种声音，一种认为张巡功劳卓著，有效遏制了叛军南侵，保障了唐代东南的安全，保住了疆土，保护了在这片土地上生活的千千万万的百姓。第二种则主要来自古代的道学家，他们认为保家卫国固然重要，但是吃人是万万不可的，这件事前提本身出现了错误，结果便无可称道。

我想，每一个来到这个祠堂祭拜的无锡人都曾经思考过这份选择，今天同学们来到这里不妨也思考一下。因为这个选择，本身没有标准答案。但是在这里，我可以向大家介绍另外三位古人对这件事的评价。

第一位是韩愈，他在《张中丞传后叙》中曾经写道："守一城，捍天下，以千百就尽之卒，战百万日滋之师，蔽遮江淮，沮遏其势，天下之不亡，其谁之功也！"

第二位是司马光，他在《资治通鉴》中除了记载了当时朝廷对张巡的争议外，还记载他对张巡的评价："唐人皆以全江、淮为巡、远功。按睢阳虽当江、淮之路，城既被围，贼若欲取江、淮，绕出其外，睢阳岂能障之哉！盖巡善用兵，贼畏巡为后患，不灭巡则不敢越过其南耳。"

第三位是文天祥，在他的《正气歌》中曾讲道："天地有正气，杂然赋流形。下则为河岳，上则为日星。于人曰浩然，沛乎塞苍冥。皇路当清夷，含和吐明庭。时穷节乃见，一一垂丹青。在齐太史简，在晋董狐笔。在秦张良椎，在汉苏武节。为严将军头，为嵇侍中血。为张睢阳齿，为颜常山舌。"其中"张睢阳齿"，有这样一段典故。

睢阳城陷后，张巡与许远一起被俘。睢阳将士见到张巡后，起立哭泣，张巡说："大家镇静，不要怕，死是命中注定的。"众人都因悲伤而无法仰面正视他。尹子琦对张巡说:"听说您督战时,大声呼喊,往往眼眶破裂血流满面,牙也咬碎,何至于这样呢?"张巡答道:"我要用正气消灭逆贼,只是力不从心而已。"尹子琦发怒,用刀撬开他的嘴,发现只剩三四颗牙齿。

第五教学点:钱王祠

无锡钱家是无锡的望族,千百年来人才辈出,同学们能列举出哪些人物?(钱穆、钱锺书、钱伟长)

如果说,之前我们看过的所有祠堂的教育元素是因,那么现在钱王祠所展示的内容则是这所有教育元素的果,所以我们将钱王祠作为这次祠堂教学的最后一站。

钱武肃王祠又称钱王祠,原是吴越王钱镠(852—932)迁锡裔孙为祭祀先祖钱武肃王所建的宗祠。所以无锡钱氏是从浙江迁居而来。在中国近代史上,钱氏家族堪称望族。钱家后裔在江浙地区分布甚广,我们熟知的三钱:中国导弹之父钱学森属杭州钱氏,诺贝尔化学奖获得者钱永健是其堂侄;中科院院士、"两弹一星"元勋钱三强乃湖州钱氏,其父是新文化运动著名人物钱玄同;近代力学奠基人钱伟长则是无锡钱氏,与钱锺书同宗,都称国学大师钱穆为叔叔。钱氏家族至今已出"一诺奖、二外交家、三科学家、四国学大师、五全国政协副主席、十八两院院士"。

而钱氏家族的兴亡则和《钱氏家训》分不开。

个人篇

心术不可得罪于天地,言行皆当无愧于圣贤。

曾子之三省勿忘,程子之四箴宜佩。

持躬不可不谨严,临财不可不廉介。

处事不可不决断,存心不可不宽厚。

尽前行者地步窄，向后看者眼界宽。
花繁柳密处拨得开，方见手段；
风狂雨骤时立得定，才是脚跟。
能改过则天地不怒，能安分则鬼神无权。
读经传则根柢深，看史鉴则议论伟。
能文章则称述多，蓄道德则福报厚。

这就是我们常讲的家风传承。这是钱氏千年以来不断修正的结果，是钱氏族人需要遵守的人生准则，是一代代钱氏家族的长辈教育子孙的准则。"家风"又称门风，指的是家庭或家族世代相传的风尚、生活作风，即一个家庭当中的风气。家风是给家中后人树立的价值准则。家风，是建立在中华文化之根上的集体认同，是个体成长的精神足印；家风，是一个家族代代相传沿袭下来的体现家族成员精神风貌、道德品质、审美格调和整体气质的家族文化风格。家风对家族的传承、民族的发展都起到重要影响。

三、教学反思

在徐孺子祠和范文正公祠讲授的时候，学生的兴趣比较浓，因为学生对这两位祠主比较熟悉，于是在相关讲授中，与老师有较多交流。但是在讲钱王祠和张中丞祠的时候，学生几乎没有了解，只有被动地听讲，少了自主探究学习的兴趣。在下次教学之前，应该将几位祠主的相关信息先提供给学生，让他们有所了解。在听讲的时候就能有探究、互动，真正让传统文化在潜移默化中成为学生知识建构中的一部分。

第四讲　江南饮食文化的交融发展
——以无锡为例

一、教学目标

1. 认识无锡饮食与饮食文化，了解传统文化与科学技术的关系。
2. 认识酿造工艺中的有机化合物及其反应，学会从化学的角度分析、揭示生产和生活中的实际问题。
3. 认识无锡饮食文化的形成与经济、气候等存在的关系。

二、教学过程

（一）无锡饮食文化的主要特征

引入：江南山温水润，气候温和，物华天宝，民性勤勉务实，而又不乏诗意审美追求，因而拥有孕育美食文化的独特优势。乾隆皇帝六下江南，所到之处的民间小吃，皆为名扬天下的江南美食。如鱼头豆腐、龙井虾仁、叫花鸡、干菜肥鸭、凤凰蛋、长安宴球……

提问：说到无锡的饮食，你能列举哪几样呢？

学生： 无锡小笼包、酱排骨、无锡三白、镜像豆腐、梅花糕、肉酿面筋、惠山油酥、青团子、梁溪脆鳝、桂花糖粥、玉祁白酒、惠泉黄酒等。

教师： 根据大家的回答，能否总结出江南饮食的基本结构和口味呢？

（学生讨论）

总结： 无锡由于地处长江三角洲、太湖之滨，稻作种植长期以来都是此地农业的第一要务；另一方面，人们在"断发文身，以象龙子"的生活中亦结下了与水产的不解之缘。"饭稻羹鱼""鲜甜精细"成为地处吴地中心区的无锡饮食文化的主要特征。

（二）江南饮食的基本结构

教师： 饭稻羹鱼，是江南饮食的基本状态。司马迁在《史记·货殖列传》中曰："楚越之地，地广人稀，饭稻羹鱼，或火种而水耨，果隋蠃蛤。"地处长江下游的江南地区，古代地属楚越范围，水系发达，土地肥沃，盛产稻米与水产品，"饭稻羹鱼"遂成为江南地区的主体饮食结构。

教师： 主食稻米，正是无锡人饮食结构中最大的特点之一。米，干煮为"饭"、稀者为"粥"，无锡人还喜欢烧花色饭或者花色粥，在大米里掺进蔬菜、肉、杂粮等一起烧煮，俗称"菜饭""菜粥""八宝粥"。在人们的传统饮食中，每天的早餐都从"泡饭""粥"开始，中午煮干饭吃，晚上又常常吃稀饭。

教师： 千百年来，无锡人不仅秉承着大米为主食的饮食文化结构，更是将生产大米的资源优势发挥到人们的日常生活中，尤其在重要的年节里，以大米为主要原料的食品承载了人们对生活的祈福、对中国传统文化的敬仰；年初一早上要吃一碗糕丝圆子或糕丝面，象征人们的生活"团团圆圆""年年高（糕）"；四月五日清明节，"人无贫富，皆祭其先祖，俗呼过节"，在举行"家祭"时，"青团子"就是无锡人必备的一种祭品。

提问： 为什么无锡地区的主食是稻米呢？

教师： 气候温润，四季分明，降水丰沛，地势平坦，土壤肥沃，这种地理环境和气候变化极有利于稻谷的生长。无锡大米美誉天下，加上得天独厚的地理条件，自唐代起无锡就成为全国"四大米市"之一。无锡米市始于唐代、兴于明代、盛于清代，享有"中国四大米市之首"的美誉。它位于江浙米市的中心，是稻米商贩们聚集的中心市场，也是米价的重要"晴雨表"。

过渡： 说到羹鱼，考古发掘表明，早在六七千年前，太湖地区捕捞渔业已经相当发达，吴县草鞋山出土的鱼头形网坠、钱山漾遗址出土的大量古渔具体现了吴人对渔猎生活的熟悉和依赖；《专诸刺王僚》的故事、《范蠡养鱼经》的著述反映了吴地文明的鲜明特点；吴语中，"吴"和"鱼"同音，亦是在语言这个活化石中传递着吴地人民与水产品的不解之缘。

无锡河流纵横、水域宽广，自古以来都是盛产水产品的地方。

丰富的水资源孕育了种类繁多的水生生物。"太湖三白"闻名遐迩。太湖银鱼是国内银鱼中的上品，它营养丰富，有利于增进免疫功能，长年远销国外，被日本人称为"鱼参"；甘露青鱼，性平，无毒，有益气、化湿、补中、养肝、明目等功效。由于江南湖泊星罗棋布，水产品十分丰富，植物水产还有"水八仙"：莲藕、茭白、茨菇、菱角、芡实、荸荠、水芹、莼菜。"太湖莼羹"至今仍为江南名菜。

（三）研究分析江南饮食的基本口味

过渡： 鲜、甜是江南饮食的基本口味，大家都知道无锡人爱吃甜，你知道为什么吗？

教师： 有句古话，"有钱的地方才吃甜"，恰恰揭示了无锡地区以甜作为基本口味的原因。

教师： 实际上，一直到元明时期，江南菜仍旧不是很甜。在元末明初的苏州饮食专著《易牙遗意》中共记载了49种菜肴制作方法，明确提到用盐的达到33种，约占67.35%，用糖的只有7种，仅占14.29%，由此可见，当时用盐进行调味的比例远远大于用糖。

甜味既然不是北人南迁带来的，那么江南菜又是如何从咸变甜的呢？江南菜变甜的原因，其实正是在于糖的普及。虽然我国利用甘蔗制糖远在汉朝就开始了，到公元5世纪蔗糖制作已初具规模，发展到唐代已居世界领先地位，至于到了明代，甘蔗制糖已经炉火纯青，相当完美了。但直到明代后期，糖仍然是很珍贵的稀少物品。王世贞所撰的《燕山堂别集》里记载，万历皇帝派司礼监太监张诚赏赐权臣张居正"银三百两、白糖一百斤、黑糖一百四十斤、蜜二十五斤"。显而易见，如果不是珍贵的物品，皇帝不可能作为奖赏赐予大臣的。在这种情况下，普通民众能消费得起糖的不是很多，菜肴里用糖自然并不普遍。

直到16世纪中叶至17世纪初，即明中期的嘉靖年间至清初顺治末年约近 150 年的时间，中国的甘蔗种植和制糖技术才取得了较大的突破，到嘉靖年间发明了白糖后，制糖技术取得了革命性的发展，明末的制糖技术和甘蔗种植技术在民间逐渐推广，终于在气候适宜的福建（包括台湾地区）、广东形成了甘蔗种植基地，大量的广东糖和福建糖在江南进行销售，每年达上亿斤之多，使得江南成为明清时期粤糖和闽糖最大的商品集散地。而以苏州、无锡为中心的江南地区也有能力消费如此巨量的食糖。因此甜成为无锡地区饮食的基本口味。

教师：播放糖醋排骨制作的视频。

无锡人"嗜甜"最具特色的表现是将白糖、蜂蜜等甜味调料充分和灵活地运用于各种菜肴的制作中。无锡三大特产之一的"无锡排骨"就是巧用白糖做调料的典范：无锡肉骨头又称"无锡排骨"和"酱炙排骨"，是无锡三大土特产之一。早在光绪二十二年就行销于市。无锡排骨以醇厚入骨、甜而不腻、酥软可口等为人称道，尤以"甜美酥软"独显其长。以猪肋排 1000 克计算，这道菜肴的八种调料中"白糖"的需求量达到 50 克，比起所需的 2 克精盐足足多了二十余倍，甜味可想而知。除此之外，响油鳝糊、肉酿面筋、无锡烤鸭等也都有异曲同工之妙。糖不仅常见于红烧的菜肴中，一些白烧和油炸的菜也要放糖：生麸酿肉、清蒸鲫鱼、惠山蚕豆、葱油拌笋丝、油炸川条鱼……烹饪这些菜肴时适量加些糖不仅可以提鲜、增味，还可以有效地起到去腥的功效。

教师：介绍蔗糖在人体内的转化。

$$C_{12}H_{22}O_{11} + H_2O \xrightarrow{\text{催化剂}} C_6H_{12}O_6 + C_6H_{12}O_6$$

蔗糖   葡萄糖   果糖

（四）分析无锡的特色饮品——酒、茶

教师：无锡特有的自然环境、物候条件长期以来也孕育了极具本土特色的茶、酒产品。江南盛产名茶，无锡名茶久负盛名，"阳羡雪芽""无锡毫茶""太湖翠竹"都是本土特有的优质茶叶。苏东坡有言："雪芽为我求阳羡，乳水君应饷惠泉。"阳羡雪芽茶历史悠久，为历代帝王、文人雅士称颂，苏东坡的这两句诗就真实地表达了对阳羡雪芽的偏爱之情。阳羡茶产于无锡宜兴古茶区，以其汤清、芳香、味醇的特点，誉满全国，可与龙井、碧螺春等媲美。太湖翠竹茶是在雪浪贡茶的基础上研发的新品绿茶。无锡毫茶条索肥壮卷曲，色灰透翠，身披茸毫，高香持久，滋味鲜醇，是颇受人们喜爱的绿茶新秀。

教师：好茶离不开好水，而泉水是泡茶的上品。天下第二泉在无锡锡惠公园内，它始凿于唐大历年间（约765—783），经万千松根蓄存和砂岩涤滤，含有丰富的矿物质，水质醇厚，盛贮于容器中能略高于容器口而不致漫溢。唐代"茶圣"陆羽曾寓居惠山寺，在品评了天下20种泉水后，做出"无锡县惠山寺石泉水第二"的评价。"天下第二泉"由此得名，一时间声名鹊起。饮茶不仅是一种物质享受，在此基础上形成的茶文化更是深入百姓的日常生活。各种茶馆、茶具应运而生，饮茶成为人们日常饮食习俗的重要部分。

学生：介绍微项目——自制米酒

步骤1：用清水冲洗糯米，浸泡一段时间。

步骤2：将泡软的糯米沥干水分，蒸熟。

步骤3：将蒸熟的糯米摊开晾凉。

步骤4：将粉末状甜酒曲和糯米充分拌匀，装入干净的玻璃容器。

步骤5：将容器盖严，置于恒温环境下发酵。

步骤6：每隔24小时测定米酒的酒精度和pH值。

展示实验过程，分析实验结果。

教师：从数据变化可以看出，随着时间的推移，米酒的酒精度变化呈先增大后基本稳定的趋势，米酒的 pH 值变化呈逐渐减小的趋势，请分析出现上述变化趋势的原因。

淀粉水解

$$(C_6H_{10}O_5)_n + nH_2O \xrightarrow{催化剂} nC_6H_{12}O_6$$
淀粉　　　　　　　　　　　　葡萄糖

$$C_6H_{12}O_6 \rightarrow 2\,C_2H_5OH + 2CO_2\uparrow$$

葡萄糖与新制氢氧化铜反应

$$CH_2OH(CHOH)_4CHO + 2Cu(OH)_2 + NaOH \xrightarrow{\triangle} CH_2OH(CHOH)_4COONa + Cu_2O\downarrow + 3H_2O$$

无锡的酒文化是建立在稻米基础上的"低度酒"系列。因为盛产稻米而且水源充沛，水质优良，在满足主食消费的基础上，大量的剩余粮食为酿酒业的发展奠定了良好的物质基础，并由此在当地形成了诸多名酒，"无锡惠泉酒""玉祁双套酒""锡山黄酒""江阴黑杜酒"等均是其中的代表品种。

过渡：用粮食酿得的米酒中，乙醇的浓度通常较低，这是因为酒中乙醇的体积分数超过 10% 时就会抑制酵母菌的活动能力，发酵作用就会逐渐停止，像白酒必须用蒸馏的方法才能制得，所以蒸馏酒的出现是酿酒工艺史上的又一次飞跃。

教师：复习介绍蒸馏装置。

（五）交融发展，江南饮食文化的基本取向

江南文化是开放包容、善于吸纳的文化。江南美食也是不断汲取各家所长，不断自我提升的结晶。近代以来，特别是随着上海的开埠，西方饮食文化东渐，江南又得风气之先。从咖啡、奶茶、冰棒、冰激凌、饼干、蛋糕、寿司、罐头，到香槟、葡萄酒、白兰地、威士忌，美、英、法、俄、日、德、意各式菜品点心被引进，城市各处都出现了西餐馆和日式料理店。从各国传入的饮食极大丰富了江南口味,许多成为新生代年轻人的新宠。伴随经济的发展和生活水平的提高,餐饮美食得到很好的培育和极大的发展,地域饮食文化充分交融,食客需求不断变化提升,商家竞争不断求怪求新,连锁经营等营销模式创新加速饮食文化的突变。伴随经济流通和人口流动,一方面是江南饮食文化突破地域限制向外传播,比如美国也有了"王兴记";另一方面是世界各地、中国各地美食不断在江南得到汇集。

总结: 从以上的分析中我们看到无锡美食和无锡美食文化的变化:在历史的进程中,无锡饮食传承了"饭稻羹鱼"的饮食结构和"嗜甜"的口味倾向,并将淮扬菜的精细发挥得淋漓尽致。在社会的发展和文化的交融中,无锡饮食不断接纳着外来饮食文化的新鲜内容,呈现出海纳百川的开放意识和气度,极大地促进了当地饮食的新变。无锡饮食讲究美感,达到色、香、味、形、美的和谐统一,给人以精神和物质高度统一的特殊享受。(课堂部分材料来自网络)

微项目:

自制米酒
——领略传统酿造工艺的魅力

你知道吗,常见的酒、醋等通常是用粮食发酵酿制而成的。传统食品酿造工艺起源于我国,后来慢慢传到日本和亚洲其他国家。历史悠久的传统酿造工艺为现在酿造工艺的发展做出了杰出贡献。

在无锡,玉祁白酒、惠泉黄酒等被大家所熟知,那么如何用粮食酿酒?酿制的过程中物质发生了怎样的转化?

项目活动1:调研我国古代的酿酒工艺,分析其中的物质发生的转化。

(制作PPT)

项目活动2:酿制米酒

可自主查阅米酒酿制方法,也可按如下步骤制作米酒。

步骤1：用清水冲洗糯米，浸泡一段时间。

步骤2：将泡软的糯米沥干水分，蒸熟。

步骤3：将蒸熟的糯米摊开晾凉。

步骤4：将粉末状甜酒曲和糯米充分拌匀，装入干净的玻璃容器。

步骤5：将容器盖严，置于恒温环境中发酵。

步骤6：每隔24小时测定米酒的pH值，连续10天，每隔72小时测定米酒的酒精度，测定3次。

表格记录：

时间/天	pH值	酒精度
1		
2		
3		
4		
5		
6		
7		
8		
9		
10		

绘制实验数据图：

第五讲　传承运河文化，建设无锡大运河文化带

一、教学目标

认识大运河的历史地位，理解推进大运河文化带建设的重大意义，在大运河无锡段的真实情境中，关注大运河的过去、现在和未来，以主人翁的姿态重新发现、认识"流动的运河文化"，为彰显"江南水弄堂·运河绝版地"风貌而出谋划策，提升在实际生活中解决问题的实践能力，激发学生传承中华传统文化、展示中华文明、彰显文化自信的责任感和使命感。

二、教学过程

（一）"无锡运河十二时辰"组图

很多无锡人小时候的记忆里，总是有一条望不到尽头的蜿蜒河道。运河，对无锡人来说，是亲切的朋友，是家人，是每天相伴的伙伴。我们不仅爱它的活跃，也爱它的沉默、坚强、平和，爱它来自生活的真性情的忽大忽小的涟漪。运河无锡城区段，也是整个大运河上唯一抱城而过的河段，有"千里运河独一环"的美称，且开凿历史最久，古朴风貌浓郁、沿河景观丰富。

这些年来，我们惊喜地看到了它的变化，从一个个码头，一条条游船，一处处景观带，一点点感受那种慢悠悠的丰富、自足、充

满活力的生活状态。十二时辰看运河，运河原来这么美。

（二）大运河申遗成功

2014年6月22日，在卡塔尔多哈举行的世界遗产审议大会上，中国大运河得到与会代表的一致认可入选《世界文化遗产名录》。流动的运河以其独具魅力的"活态遗产"价值为人类文明贡献了光辉的篇章！

华夏五千年文明，运河二千五百年历史，虽然在漫长的历程中出现过曲折、困迫、艰难、坎坷，但迄今仍挺立于东方，文明形态依然熠熠生辉，在面向未来的征程中活力四射，体现的是中华文化"生生不息"的伟大精神。大运河承载着古代中国连接政治与经济两个中心的重任，几经淤塞却能够不屈重生，几经沉寂仍能焕发活力，不仅成就了唐宋元明清几代盛世的辉煌，而且繁衍和滋润了无数可以引以为傲的文化瑰宝。生生不息的精神蕴含着道法自然的智慧、百折不挠的斗志、创新包容的气度和汇通天下的理想，这是中华民族为世界文明做出不可磨灭贡献的内在动力。

（三）《大运河文化带建设保护传承利用规划纲要》

2017年，习近平总书记关于"深入挖掘以大运河为核心的历史文化资源"的指示和"要统筹保护好、传承好、利用好"运河文化的思想是大运河的历史文化与时代抒写交响合奏的总纲与指南，这昭示着大运河将因其历史的伟业而焕发青春。大运河文化带建设旨在凸显中华文明的底气，彰显民族创新的志气。由中共中央办公厅、国务院办公厅联合颁发的《大运河文化带建设保护传承利用规划纲要》明确指出，大运河贯通南北，联通古今，蕴含着中华民族悠远绵长的文化基因。深入挖掘大运河承载的深厚文化价值和精神内涵，结合时代要求继承创新，合理利用文化资源打造大运河文化带，有利于推动中华文化展现出永久魅力和时代风采。由此可见，大运河再次成为国家大计亦已超越了它既往的实用性功能，其蕴含着生生不息的"悠远绵长的文化基因"价值是使其活力涌起的源泉。

大运河汇集交通之用、生态之养、文化之根和精神之源，《大运河文化带建设保护传承利用规划纲要》提出把大运河文化带建设成继古开今的璀璨文化带、山水秀丽的绿色生态带、享誉中外的缤纷旅游带，把"魅力运河""美丽运河""多彩运河"呈现给世界，确立了新时代抒写运河宏伟篇章的战略目标。同时也具体设计出"一轴三带五片区六高地"多点联动的方案，以运河为轴，策动多翼齐飞。并且坚定"坚持以文化为引领，坚持以人民为中心，共抓大保护，不搞大开发"的原则，科学规划中长期建设方向，切实保证大运河文化的创造性转化与创新性发展，让"千年运河"为民生福祉、文化自信、国家兴盛贡献新生力量！

（四）大运河无锡段的过去、现在和未来

1. 过去

（1）影响人物

江南运河最早可以追溯到 2500 年前，吴王夫差疏浚"古吴水"。为了北上与齐国、晋国等争夺霸主地位，夫差下令在长江以北开掘"邗沟"，在长江以南疏浚了"吴古故水道"，这条水道便流经今无锡地区。

春申君黄歇也是江南运河历史上非常重要的人物之一。公元前 248 年，春申君获准将其领地从淮北迁至江东，以"故吴墟"为都邑，为此他"立无锡塘"，治"无锡湖"。无锡湖就是芙蓉湖的古称。而所谓"立无锡塘"，就是修堤筑岸、规范湖中航道，这也是无锡古地名北门塘、南上塘、南下塘的由来。

公元610年，隋炀帝下令开凿江南运河，"自京口（今镇江）至余杭郡（今杭州）八百余里，水面阔十余丈"。京杭大运河对于江南地区的经济社会发展有很大的促进作用。比如乾隆七下江南，六次都在无锡停留，也有其政治意义、军事意义、经济意义。"江南运河"的提法正是从隋炀帝时起沿用至今。

（2）发展历史

无锡运河经历了"擦城而过""穿城而过""环城而过"三个阶段。汉代，运河擦城而过，大致是今梁溪东部；汉初，无锡城区扩大，将运河纳入其中，运河就穿城而过；到了明嘉靖年间，为抵御倭寇，官府将外城河和护城河连通，作为运河主航道，由此，大运河从无锡城环城而过。

（3）历史影响

无锡段大运河不仅孕育了独特的运河文化，更是无锡生生不息的经济纽带。从古至今，运河沿岸米、布、丝三业交易兴旺，陆续形成了著名的米码头、布码头和丝茧市场。近代，无锡百年工商城亦在运河沿线迅速崛起。

2. 现在

（1）概况

近年来，无锡坚持保护优先、生态引领，经过全方位铁腕治污，运河水质慢慢恢复至清澈。在实施环城古运河风貌带综合整治工程中，整体更新了9座跨河桥梁，新建8处亲水平台、2个游船码头和500米步行栈道，仅市区段绿化景观总面积就达到10万多平方米。

如今，南来北往的游客乘船穿梭于水弄堂，千年南长街也修复成为拥有众多古弄、古桥、古窑、古庙、古牌坊、古民居的著名商业街。"运河绝版地"两岸车水马龙、川流不息，已成为无锡旅游的一块金字招牌。

大运河流淌着的不仅是奔流不息的河水,更重要的是存续了绵延不绝的文脉。

(2)案例——南长古运河片区建设

① 运河水系及文化恢复:在充分发掘当地运河文化及特色的情况下,对其水系及码头景观进行有序的恢复和利用,打造具有特色的运河城市景观带。

② 非遗文化传承:通过恢复各种地方民俗文化活动表现形式,如戏曲、评弹、杂耍、地方大鼓等,使古城的非物质文化遗产鲜活起来。

③ 业态打造:总结街区的商业业态,街区主要以休闲娱乐为主,餐饮小吃、住宿为辅,结合各种民俗表演、大型情景活动带动街区的人气。

④ 工业遗产利用:在搬迁掉不合适的工业生产后,对近现代工业遗产建筑进行保护和充分利用,建成适合当地文化氛围的艺术家工作室、画廊和创意园区等。

3.未来

(1)围绕绿色发展,打造运河生态景观。实施大运河无锡段保护整治和生态修复工程,应牢固树立生态优先、绿色发展理念,全面落实"河长制""断面长制"监管责任,深入开展"263"专项行动,统筹推进控源截污、清淤疏浚、调水引流和生态修复,切实改善运河水质。加强运河岸线管理和绿化维护,科学调度各类水利设施,推动形成河清水碧、持续向好的生态环境。

(2)围绕历史特色,彰显运河文化底蕴。文化是城市的灵魂,是推动城市可持续发展的基因和内动力。在实施大运河文化带建设工作过程中,应深度挖掘弥足珍贵,能够彰显吴文化、近代工商业文化、水弄堂文化、宗祠文化等具有无锡特色的历史文化资源,从全域保护、全域规划、全域管理、全域经营、全域旅游等方面发力。如以清名桥历史文化街区、惠山古镇等为载体，更多地挖掘文化内涵、注入文化因子。加强运河类和运河沿线非物质文化遗产及其代表性传承人的保护宣传，改造提升一批大运河主题博物馆、展示馆，加强运河堂馆、运河广场、运河园区、运河长廊、运河品牌和运河标志性工程建设，充分彰显无锡运河文化的底蕴和历史厚重感。同时支持运河沿线和相关大专院校建立运河学会、协会、研究会等相关组织。定期举办弘扬运河文化、传播无锡风情和群众喜闻乐见的论坛、节庆、庙会等活动，依托于地方特色的非物质文化遗产，坚持活态性、原真性、整体性、生产性保护等原则，结合运河文化带建设让运河文化活起来。依托中国民族工商业发祥地、工业遗产众多的城市特色，利用起众多的工业遗产，建成系统的文化创意产业园区或者成为城市开放空间、旅游度假地。

（3）围绕项目储备，推动运河产业发展。项目储备作为运河文化产业链工作的重要环节，既是项目工作的重点和基础，又是确保项目工作循序渐进和连贯推动的关键所在。无锡将从全市发展的高度，立足沿河地区实际，谋划启动一批条件成熟、关注度高、带动力大的项目。如推进古运河旅游度假区配套一期、环城步道、江南古运河旅游度假区城市设计等重大项目工程建设，进一步发挥好项目建设对发展的撬动作用。合理规划、协调推进沿河地区的基础设施建设和现代产业发展，优化发展文化创意、总部经济等新兴高端服务业，提升发展传统商贸、休闲旅游等传统服务业，增强沿河地区的要素集聚和综合服务能力。

（4）围绕交流合作，贡献无锡智慧力量。在组织本地力量积极进行大运河文化带无锡段建设的同时，要以超前的意识和巨大的魄力"请进来""走出去"，多方位开展运河保护的对外交流合作。坚持国际理念与本地特色相结合，积极借鉴国际先进城市推进沿河地区整治开发的经验，充分融合无锡本地特色，制定实施与无锡所拥有的地位、形象和竞争力相符合、相匹配的运河文化建设规划方案，明确无锡段建设的定位方向、空间布局等，为大运河文化带建设贡献"无锡智慧"与"无锡力量"。

（五）研学任务

实地探访其他古运河片区，撰写《无锡**古运河片区调查报告》。

（六）结束语

新时代、新征程

大运河文化带建设

连接着过去、现在与未来

大运河

展示着中华文明的伟大成就

服务于当代人民的幸福追求大运河

是当代人谱写传承中华优秀文化的大地史诗

作为世界遗产、人类文明的标志

大运河！

金帆犹在！

川流不息！

三、教学反思

在无锡长大的孩子对运河都有感情，"江南水弄堂"是无锡人记忆里"最江南"的部分，但学生们对于运河的历史和运河的文化价值并没有系统的认识。引领着学生关注大运河，其实就是在关注无锡的过去、现在与未来。光有理论层面的认识还不够，通过清名桥古运河片区建设的案例，要求学生实地探访其他古运河片区，撰写《无锡**古运河片区调查报告》，知行合一，从理论走向实践。从重新发现家乡、热爱家乡到将来建设家乡，大运河无锡段未来可期。

第六讲 探寻无锡园林文化

一、教学目标

通过愚公谷和寄畅园的今昔对比，引导学生思考两个园林背后园主的生存智慧，体会中国传统文化中耕读传家久、诗书继世长的处世哲学。

通过八音涧、侵云碍月门等教学点的讲授，引导同学体会传统文化中天人合一、追求自然、诗意栖居的追求；领会借景的造园智慧；关注楹联、匾额背后的文化内涵。

二、教学过程

第一教学点：寄畅园、愚公谷大门口

无锡有两座名园：寄畅园和愚公谷。两园都建于明代中期，一个占地 15 亩、传世近 500 年，一姓世守，康熙、乾隆皇帝 14 次巡幸，现为国保级文物；一个占地 50 亩，仅传两代，存世近 50 年，如此"短暂的辉煌"也不多见。寄畅园的长存与愚公谷的短暂，在园林史上形成强烈反差，值得我们探寻背后兴衰的秘密。

（一）寄畅园

寄畅园原为惠山寺僧舍，明嘉靖初年，曾任南京兵部尚书的秦金（号凤山）买下此地，改为园林。然而，秦家后代秦道然因祸下狱，寄畅园被没收充公，14年后才发还秦家。经此一劫，秦家后代50余人共同签署《寄畅园祖祠改建公议》，将该园改为秦氏双孝祠，共捐祠田200亩，家族共同管理。这是寄畅园得以保存至今的一个重要原因。

（二）愚公谷

愚公谷的主人是时任福建提学副使的邹迪光。他于明万历年间购得，几年后，邹迪光在湖广提学副使任上遭弹劾罢归后，经十余年努力才建成。

建园时邹迪光不惜家财，在中国私家园林史上，其景点数量之多，堪称第一。这里有十二楼以居姬侍，有昆曲家班冠绝江南。这里成了邹迪光游赏愉悦、享受人生的场所。邹迪光死后，愚公谷由次子邹德基继承，但他玩世不恭，年仅37岁就被强盗杀害，留下三个幼子生存艰难，孤儿寡母只得卖掉园子。最终逐渐被兴起的惠山各姓祠堂分割，一部分又沦为乱坟荒丘。

（三）为什么这两个园林的结局差异如此之大？

1. 从世界观来看，两座园林的主人一个是进取，一个是消沉。"秦家忠勤体国，邹家纵情山水。"

2. 人生观的差异在于孝友与玩世。寄畅园保存至今，多次遇到风险和危机。这让秦家人认识到"园亭究属游玩之地，必须建立家祠，始可永垂不朽"。邹家父子则是纵情山水、玩世不恭，尤其是邹德基，被称作"末世狂生"。人生观关乎人们行为的选择和对待生活的态度，人生观的差异则是导致两园兴衰的内在原因。

3. 价值观的差异在于勤俭与奢靡。"实际上，邹迪光的奢靡既传自'专事欢娱'的父亲，更传给了儿子邹德基。有一个例子，一天大雪初霁，他花数千金购得金箔，和家人一起爬上锡山挥洒金箔，看金箔随风飞舞，他却在山顶上喝酒喝彩。一家三代，如此奢靡，愚公谷焉有兴旺存续之理？"

曾经有人概括，愚公谷是"奢侈至极，子亡园废"。相比之下，寄畅园第三代园主秦耀则明确对子孙说，希望将园林作为"习静之所"。而秦氏家族的祖训，更是"行善"和"读书"。

第二教学点：凤谷行窝

讲解重点：

1. 寄畅园的由来。

2. 清代两位皇帝对寄畅园的评价。

寄畅园又名"秦园"。明代正德年间（1506—1521），北宋著名词人秦观的后裔、明弘治六年进士，曾任南京兵部、户部尚书的秦金，购得惠山寺僧舍，并在原僧舍的基址上进行扩建，垒山凿池，移种花木，营建别墅，辟为私园，取名"凤谷行窝"。

寄畅园初名"凤谷行窝"，是明式古朴门厅三间，正中悬"凤谷行窝"的匾额，系现当代著名画家朱屺瞻所书。一般人很难理解为什么起名"凤谷行窝"，其实寄畅园的第一代主人秦金，号凤山，"凤谷"表示其主人的归属。而惠山又有别称龙山，以"凤谷"与"龙山"相对应，指出此地是"凤藏龙山"的风水宝地。"行窝"实际上就是别墅的意思，当然含有自谦的成分，这样就不难理解了。园成之时，秦金作诗道："名山投老住，卜筑有行窝。曲涧盘幽石，长松育碧萝。峰高看鸟渡，径僻少人过。清梦泉声里，何缘听玉珂。"

后来"凤谷行窝"传到了秦耀的手上，秦耀系东林党人，万历十九年（1591），秦耀因其师张居正被追论而解职归乡，返无锡后，因朝政失意，心情郁闷，只得寄抑郁之情于山水之间，疏浚池塘，改筑园居,借王羲之《答许椽》诗:"取欢仁智乐,寄畅山水阴"句中的"寄畅"两字命名园林。

寄畅园深受清朝康熙、乾隆二帝的喜爱,他们南巡数次必游此园,如今还能看到康熙"山色溪光"、乾隆"玉戛金枞"御书石匾额各一方。就连北京颐和园内的谐趣园,以及圆明园内的廓然大公(已毁于战火),也是仿寄畅园而建。

康熙的"山色溪光"是从景的角度来评价寄畅园的,寄畅园坐落于锡惠山下,山间的美景被引入了园中,园林虽然不大,但是站于园中,我们能够欣赏到的美景却是广阔的。

而"山色溪光"旁的另一块匾额则是乾隆写的,自己的爷爷曾经从视觉的角度描绘过寄畅园,就给乾隆出了一个难题,如何写既不盖过康熙的才华,又不显得弱。乾隆从听觉的角度来讲寄畅园,"玉戛金枞"是说在寄畅园中听到的松涛、泉水的叮咚声如金玉之声一样。

第三教学点:侵云碍月门

教学重点:通过"侵云"和"碍月"门看景,体会传统园林中的窗景和借景两个手法。

中国传统的绘画中,表现自然山水的画作很多,但是中国古人多从窗景的角度来表现。何为"窗景",即我们看到的画作,都是表现一个文人在窗前看外面的景色。比如:"窗含西岭千秋雪,门泊东吴万里船。"此句在我们的脑中勾画出一幅在窗边看到的景色。那么,在房中挂一幅山水画,就像我们在名山大川旁,有一座自己的"行窝",通过行窝边的窗子,我们看到了一幅美景。

在"凤谷行窝"的门前,左边的门上有两个字"侵云",右边是"碍月"。

请同学们首先站在"侵云"的门前往惠山看，我们可以看到远处的惠山、锡山，可以看到锡山上的龙光塔。这就是寄畅园借景的妙处。寄畅园不大，但是我们站在园中，远处的美景却就在眼前，就像是寄畅园景色的一部分一样。

这扇门的横眉上之所以写着"侵云"，所写的就是远处的锡山以及锡山上的龙光塔，高耸入云，一个小小的园林，却看到了如此广阔而大气的景色，不得不说是造园者的匠心独运。

请同学们再到另一边的"碍月"门前。到了"碍月"门前，惠山就近在咫尺了，放眼望去，惠山的景色苍翠欲滴，就像一个巨大的屏障横亘在面前，甚至遮住了月亮。与"侵云"门前的景色形成了巨大的反差。这是古典园林中借景的典范之作。

第四教学点：八音涧

寄畅园地处于惠山山麓，旁边就是著名的天下第二泉。于是引泉入园就是不二的选择了。但是如何引，引了之后能为寄畅园带来什么，这又是能体现寄畅园建造者的匠心了。

在寄畅园的西南面是由太湖石堆叠起来的假山。人称"九狮台"，九狮台又名"九狮图石"，是用湖石叠成的大型假山，高数丈，突兀峻峭。置有若干狮形湖石，而整座假山又构成一只巨大的雄狮，俯伏于青翠欲滴的绿树丛中。仔细揣摩，可看出大小不一、姿态各异的狮子来，静中寓动，妙趣横生。假山轮廓起伏，有主次，中部较高，以土为主，二侧较低，以石为主。土石间栽植藤萝和矮小的树木，使土石相配，比较自然。此山虽不高，但山上高大的树木增加了它的气势。山绵延至园的西北部又复高起，似与惠山连成一片。

在九狮台的下面则有一条类似于山间小路的所在，人在其中走只能看到两边的石台上高高的大树，又加上这条路十分窄，几乎遮蔽人在两边的视线,给人的感觉像是在真正的山间行走一样。

我们知道水流在冲击形状不同、样态不同的石头时能够发出不同的声音,八音涧就随着这九狮台中的小路蜿蜒而入,我们会发觉在这里行走,我们听到的水声是不同的。山石又构曲涧,引"二泉"伏流注其中,潺潺有声,世称"八音涧"。所谓八音,即通常为金、石、丝、竹、匏、土、革、木八种材质的乐器发出的声音。八音涧泉水蜿蜒流转,山涧曲折幽深,在八音涧的劲头则是园中最开阔的一片水域,大有豁然开朗的感觉。

三、教学反思

这次在寄畅园的教学,让同学们对比两大园林的今昔,寄畅园的兴盛及原因、愚公谷的衰败及原因都给同学们留下了深刻的印象。在互动时,同学们提出了较多的问题,这段教学比较成功。

但是在此次教学中,楹联、匾额文化的内容只涉及了"玉戛金枞"和"山色溪光",虽然学生从这两块匾额中得到不少的文化知识,但是整个课程中,文字、文学类传统文化的讲授相对较少,寄畅园如此美景,有点浪费了。下次讲课中,文字、文学类传统文化需要讲得更透。

第七讲　中国民族资本主义的曲折发展
——以无锡荣氏企业兴衰为例

一、教学目标

1. 以荣氏家族企业为例，了解19世纪末至新中国成立前，中国民族资本主发展概况；归纳概括中国民族资本主义各阶段发展的原因及影响。

2. 通过感受个案，"情境再现"，论从史出、史论结合，故事讲述和逐层呈现，进行问题探究和合作学习。

3. 通过认识帝国主义的侵略是阻碍近代民族工业发展的最根本的因素；自强不息的爱国精神是民族工业发展的不竭动力，形成不畏艰难、诚实守信的良好作风，树立为中华民族伟大复兴而努力奋斗的雄心壮志。

二、教学重难点

1. 重点：民族工业的短暂春天（以荣氏家族企业为例）。

2. 难点：影响中国民族资本主义发展的主要因素和民族工业的发展概况。

三、教学过程

导入新课：

教师：（展示图片：兵船商标、梅园石磨照片）

兵船商标是中国近代史上的第一枚商标，是中国商标史上的001号商标。我们无锡的同学肯定都去过梅园，在梅园豁然洞前保存着晚清时期的三爿石磨，都是1900年从法国引进的，而当时同期引进的另外两部（共四爿）则分别藏于中国国家历史博物馆和南京历史博物馆。这两件物品都与我们无锡近代史上一个叱咤风云的商业家族有关。同学们知道是哪个家族吗？

学生： 荣氏家族

教师：（展示图片：荣宗敬、荣德生兄弟照片）

荣氏兄弟中，宗敬为兄，生于1873年，德生为弟，后两年而生，早年学徒，1896年开始在上海经营钱庄。在中国近代史上的40多年间，荣氏兄弟从一介学徒开始起家，在面粉与纺织两大行业中先后创立茂新、福新、申新三个企业系统共21家工厂，成为民族企业中著名的"面粉大王"和"棉纱大王"。被毛泽东主席誉为"中国民族资本家首户"。但繁荣发展的背后也历经了各种磨难，可以说荣氏企业的发展历程就是中国民族资本主义发展的一个缩影。本节课我们就以荣氏家族的兴衰为例，来探讨近代民族资本主义发展的风雨历程。

进入新课：

过渡：（展示图片：茂新面粉厂照片）

1901年兄弟二人在无锡兴办保新面粉厂（后改名茂新面粉厂），今天的茂新面粉厂作为工业遗产已经被改造为中国民族工业博物馆，不仅保存了原来的建筑风貌，而且集中展示了近代民族企业的发展历程。

教师：（展示资料）

中国在甲午战争中吃了败仗，列强争相向中国输出资本，进一步瓦解中国的自然经济。1896年，荣氏兄弟在上海开设广生银庄，并开始筹办面粉厂。在办厂审批时因为没有送礼，当地士绅以"破坏风水，有伤文风"为名出面阻挠，幸好两江总督刘坤一是倡导实业的官员，一连下了七道批示要求地方官支持实业。荣氏兄弟遂得以创办第一家面粉厂——保兴面粉厂。1905年又开设振新纱厂。

——杨旭《荣氏兄弟》

设问：这一阶段荣氏投资企业有哪些有利因素和不利因素？

学生：有利因素——

1. 西方列强竞相对华资本输出，中国自然经济进一步解体。
2. 清政府放宽对民间设厂的限制。

学生：不利因素——封建势力阻挠办厂。

过渡：从整个无锡来看，这一时期……全国范围来看，这段时期张謇在南通创办大生纱厂，陆润庠在苏州创办苏伦纱厂，而周学熙在天津创办华新纱厂，整个中国掀起一股兴办实业的热潮，是我国民族资本主义初步发展的时期。民族资本主义的发展促进了哪个阶级力量的壮大？

学生：民族资产阶级

教师：这一时期民族资产阶级开展了哪些政治活动？产生了什么影响？

学生：康有为领导的戊戌变法，孙中山领导的辛亥革命。推动了中国的政治民主化进程。

过渡：（展示图片：福新面粉公司、申新纺织公司、无锡申新三厂旧址照片）

辛亥革命推翻了清王朝，结束了中国两千多年的封建君主专制制度，建立起资产阶级共和国，为中国近代民族资本主义的发展创造了一个历史机遇。荣氏兄弟在这一时期陆续开办了上海福新面粉公司、申新纺织公司并在各地开办分厂，总数达到了 12 家，扩大了企业规模，其中还包括了我们无锡西水墩的申新三厂（香港盛高集团也将其作为工业遗产保存下来，改造为社区的公共建筑）。

教师：（展示资料）

辛亥革命后，民国政府奖励兴办实业。茂新结余 12.8 万银两，振新营业亦好，并在上海另设福新面粉厂。这一年，荣德生被无锡商会推选出席全国工商大会，他所提扩充纺织等三项议案均获通过。

1914 年，"一战"爆发后，粮食、纱布进口锐减，民族工业获发展良机，荣氏兄弟加快办厂步伐，不断扩大再生产。1921 年，茂新增为 4 家，福新增为 8 家，总生产能力占全国民族面粉工业的 31%，成为"面粉大王"。

——《上海纺织工业志》

设问：这一时期以荣氏为代表的民族企业家纷纷扩大企业规模的原因有哪些？

学生：1. 中华民国临时政府奖励发展实业。

2. "一战"爆发后，欧洲列强忙于战争，暂时放松了对华经济侵略。

教师：请大家结合课本，看看还有什么原因？

学生：3. 抵制日货，提倡国货的群众运动。

教师：为什么要抵制日货？

学生：袁世凯政府与日本签订丧权辱国的"二十一条"。

教师：对中国的经济产生什么影响？

学生：大量日货进入中国，经济权益受到损害，民族资本主义发展困难。

教师： 大家能得出这一认识很好！请大家结合课本第 45 页，看看第二条原因的结论"客观上为中国民族资本主义的发展创造了有利的外部条件"。你们觉得这个结论是否合理？

学生： 略。

教师：（展示资料）"一战"期间，英国对华贸易所占中国外贸总额由战前的 25.2% 降至战后的 17.1%，日本则由战前的 23% 剧增至战后的 43.5%，而美国由 10.5% 增至 16.7%。两相比较，中国资本主义总体上面临的外部环境实际上更加严峻。

——《历史教学》

设问： 这则资料和我们课本上的观点有什么不同？

学生： 否定"一战"中民族资本主义发展的外部环境更加严峻的观点。

讨论： 请同学们讨论一下，你觉得哪个观点更客观准确？

学生： 教材中的观点更客观准确。资料中显示的只有各国增加和减少的比例，并没有总量的比较，资料不够充分。

学生： 材料中的观点更客观准确。因为从荣氏企业的发展情况来看，确实速度非常快。

总结： 很好！两位同学都通过材料形成了自己的观点，请大家举手表决你支持哪位同学的观点。实际上关于这一点，国内学术界还没有达成统一的认识，同学们可以留心收集一下相关的数据和材料来证实你的观点，推动历史研究的发展。

教师：（展示资料）荣氏兄弟派熟悉国外情况的人到欧美考察，购买新式机器，及时更换旧的生产设备，扩大规模，提升企业的竞争实力。

——《锡商》

在部分袋装面粉中，他塞入一个铜板。一袋面粉还没吃完，有的顾客发现突然冒出一个光灿灿的铜圆！这真是一个好彩头，迷信的人们喜出望外。荣德生的销售创意，很快使它在无锡面粉市场占有一席之地。

——《历史教学》

设问：虽然中国民族资本主义企业发展的外部环境情况不甚明了，但以荣氏企业为代表的一批民族资本主义企业得到了发展却是不争的事实，那么他们为什么能取得发展呢？

学生：改进技术和营销手段，具备勇于创新的企业精神。

教师：除了以上这些原因，荣氏家族在无锡开办竞化女中、大公图书馆，修建道路桥梁，赢得了无锡人民的良好口碑，这也是他们取得成功的重要因素。民国初年，民族资本主义不断发展，工厂数量增多，规模扩大，随之而来的是哪个阶级的力量增强？

学生：资产阶级和无产阶级力量都在增强，资产阶级发起新文化运动，高举"民主"与"科学"大旗，在思想文化领域掀起了一场改革运动；无产阶级开始登上历史舞台，1919年发起五四运动，1921年中国的无产阶级政党——中国共产党诞生。

过渡：随着历史脚步的迈进，中国进入了南京国民政府统治时期，这一时期民族资本主义发展的状况如何？为什么呈现出这些特点？

教师：（展示资料）

1928年，申新成立同仁储蓄部，大量吸收存款。1929年，陆续建成申新七厂、八厂。1931年，建成申新九厂，补充改建申新六厂。至此，申新系统共拥有棉纺织厂9家，纺锭52.155万枚，织机5357台，分别占全国民族纺织业的20%和28%，继"面粉大王"之后，又成了"棉纱大王"。荣宗敬也先后当上了国民政府工商部参议、中央银行理事、全国经济委员会委员等职。

——《上海纺织工业志》

设问：南京国民政府统治前期发展状况如何？为什么？

学生：较快发展。辛亥革命的推动。

过渡：（播放视频资料）

辛亥革命为中国民族资本主义的发展扫清了一部分障碍，国民政府开展"国民经济建设运动"，鼓励发展工业、农业和交通运输业。这些都是民族资本主义企业迎来黄金时期的原因，但是这种良好势头很快就被打断。请大家观看视频，找出答案。

学生：抗日战争的破坏，官僚资本的压榨。

解说：官僚资本主义的概念，半殖民地半封建国家中，运用政治权力，与帝国主义、封建主义密切结合的国家垄断资本主义。

过渡：1945年，抗日战争结束，对于中国的民族资本家来说，无疑是一次取得飞跃发展的大好时机，但是历史告诉我们，事实并非如此。此后长达三年的解放战争阶段，民族企业发展状况如何？原因何在？请大家阅读课本，并找出答案。

学生：民族工业陷入绝境。

学生：原因：1.美国商品大量涌入中国市场。2.官僚资本的压榨。3.国民政府不断增加苛捐杂税，滥发纸币，造成通货膨胀。

资料：1948年，蒋介石政府法币政策失败，继续发行金圆券，以政治手段强制收兑人民持有的黄金、白银和外币，实际上是对工商业者的公开劫掠，遭到老百姓的反对。同年，荣宗敬之子荣鸿元被捕。1949年，国民党当局以"军粉霉烂"为借口指控荣毅仁，这两件事沉重打击了荣氏家族企业的发展，整个工商业人人自危。

总结：以上，我们把近代中国民族资本主义的发展概况初步整理清楚了，请大家根据所学知识给民族资本主义的发展画一条折线图，它的最高峰应该在哪里？哪些时期处于上升阶段？哪些时期处于衰落阶段？

学生：略。

教师：（展示：近代中国民族资本主义发展折线图）

从图可见，甲午战争之后是中国民族资本主义初步发展的时期，中华民国时期是短暂春天，民国前十年较快发展，抗日战争期间遭到沉重打击，解放战争期间陷入绝境。请大家仔细观察这幅图，看看跟我们教材上的观点有什么不同。

学生："一战"后，民族资本主义发展处于上升态势。

教师：很好，"一战"后民族资本主义发展的情况到底如何，学术界也有争论。以荣氏企业为例，这一时期是荣氏发展非常快的时期。关于这一点，也希望大家课后阅读相关资料，找出答案。从总体发展的情况来看，民族资本主义发展道路艰难曲折，为什么会出现这种情况，有哪些因素影响到民族资本主义发展？

学生：封建主义、官僚资本主义、帝国主义。

教师：（展示图片资料：荣氏后人在新中国成立以后取得的成就）

总体说来，在半殖民地半封建社会的中国，民族资本主义想得到发展非常困难。用毛泽东的一句话来总结：就整个来说，没有一个独立、自由、民主和统一的中国，不可能发展工业。

——毛泽东《论联合政府》

四、教学反思

本案以乡土史料作为依托，以地方工商望族的兴衰作为个案，调动了学生的学习兴趣，能明显感觉到学生的学习热情。从这一点来说应该是成功的。但也存在较多的问题，有的在设计过程中没有考虑到，有的则是教学过程中因为课堂驾驭能力不足而导致的。

1. 关于中华民国时期无锡士绅阻挠办厂事件的评价问题。我对这个问题的设计思路是通过展示士绅阻挠办厂的历史事件引出封建主义是中国民族资本主义发展道路上的一大障碍，在实际教学过程也是按照这一预设的思路来操作的，但这样一来就涉及中国古代士绅群体的评价问题。中学历史教学中，士绅往往被定性为封建势力的地方代表，更有甚者就是简单定性为反动的、没有任何正面作用的社会群体，但从近几年来社会史研究趋势来看，士绅着力于地方文化、教育和公益事业，是中国古代社会秩序得以稳定的重要因素，这一点是值得肯定的。以破坏风水为由阻挠办厂，虽显愚昧，在环境保护这一方面却有其道理。只有全面评价士绅群体才能让学生对中国古代社会有一个更为完整和正确的认识。

2. 在讲述"一战"期间民族资本主义发展的外部环境问题，课堂讨论过后没有让学生发表观点而是改成了举手表决，这一点现在看来是失败的。在热烈讨论、精心准备的情况下却没有发表个人看法的机会，对学生来说很失望。

3. 关于新中国成立后荣氏后代的发展问题。我原本的设计是利用新中国成立前后的对比，来说明近代民族资本主义在封建主义、官僚资本主义、帝国主义三座大山压迫下发展艰难，但教学过程中忽略了一点，就是民族资本主义在1956年以后已经通过公私合营的方式进行了改造，而我却并没有提及，这样一来，学生容易误解成民族资本主义在新中国成立以后依然存在。

第八讲　江南地区科技文化探寻

一、教学目标

1.通过对徐霞客、徐寿、钱伟长等科学家事迹的介绍，让学生了解江南地区（主要是无锡）的科技文化。

2.通过查阅资料、小组合作等方式了解一中校友姚桐斌等在"两弹一星"事业上做出的巨大贡献。

二、教学过程

引入：自古以来，无锡和其他地区一样，历代人民不断探索，在生活和生产中运用科学技术创造出灿烂的地域文化。新石器时代的制陶技术和种植水稻的技术、商周时期的炼铜术和瓷器制造技术、汉代的铸铁术以及明代的金属活字印刷技术、宋元的紫砂陶技艺等，无不彰显了不同时代，无锡人民在科学技术方面的智慧和成就。

到了近代，无锡人在传承中华民族传统科技的同时，也致力于了解和借鉴西方的先进科学技术，其中徐寿父子和华蘅芳等人堪称中国传播西方科学技术的先驱，为推动社会的进步和发展做出了卓越贡献。新中国成立后至今，依托于群众以及科技工作者的集体智慧和聪明才智，无锡科技不断发展，走出了一条具有自己鲜明特色的高新技术产业发展的新路。

提问： 科学技术是无锡地区自身发展不可或缺的一个重要组成部分和强劲的推动力。能否谈谈你对无锡地区科技文化发展有哪些了解？

学生： 宜兴陶瓷；钱伟长、姚桐斌等一中校友为新中国的科学事业作出了巨大贡献。

教师： 予以肯定，无锡科学技术的发展最鲜明的特点是涌现出一批具有全国乃至世界影响的杰出人物。他们身上的颠覆传统、敢为人先的胆识和自信，开放的意识，科学的价值观，创新的精神，都激励着一代又一代的无锡人不断探索，开拓进取。

过渡： 今天我们就以徐霞客、徐寿和钱伟长、姚桐斌等为代表介绍他们对无锡科技文化的贡献。

提问： 说到徐霞客，大家应该比较熟悉了，请你谈谈对徐霞客的认识。

学生： 徐霞客到各地旅游，写下了《徐霞客游记》。

教师： 予以肯定，介绍徐霞客生平。

徐霞客旅游考察 30 多年，最后 4 年一直在野外，这两项纪录是很了不起的。他的行踪遍及现今中国 20 个省、自治区、直辖市：河北、山西、陕西、山东、河南、湖北、江苏、安徽、浙江、福建、江西、湖南、广东、广西、贵州、云南、北京、天津、上海、重庆。他最东抵达了东经 122 度的浙江普陀，最西到达了东经 99 度左右的云南腾冲，东西跨越了 23 个经度；最北抵达了北纬 40 度以北的北岳恒山，最南到达了北回归线以南的北纬 22 度多的今广西崇左，南北跨越了 18 个纬度，以及热带、亚热带、温带 3 个气候带。他考察了 23 座中国名山：天台山、雁荡山、齐云山、黄山、武夷山、庐山、嵩山、华山、武当山、五台山、恒山、江郎山、武功山、浮盖山、飞天山、龙虎山、衡山、高黎贡山、鸡足山、泰山、珞珈山、罗浮山、盘山（后4座山无游记）以及著名的桂林山水；他探察了长江（金沙江）、黄河、珠江（西江）、元江、澜沧江、怒江、大盈江7大水系。

教师：英国著名科学史专家李约瑟评论说，《徐霞客游记》读来，并不像是17世纪的学者所写，倒像是一位20世纪的野外工作者所写的考察记录。徐霞客做出了什么样的科学贡献呢？

（1）纠正了文献记载的关于中国水道源流的一些错误。如否定自《尚书·禹贡》以来流行1000多年的"岷山导江"旧说，肯定金沙江是长江上源。正确指出河岸弯曲或岩岸逼近水流之处冲刷侵蚀厉害、河床坡度与侵蚀力的大小成正比等问题。对喷泉的发生和潜流作用的形成，也有科学的解释。

（2）喀斯特地区的类型分布和各地区间的差异，尤其是喀斯特洞穴的特征、类型及成因，有详细的考察和科学的记述。仅在中国广西、贵州、云南3省区，他亲自探查过的洞穴便有270多个，且一般都有方向、高度、宽度和深度的具体记载。并初步论述其成因，指出一些岩洞是水的机械侵蚀造成，钟乳石是含钙质的水滴蒸发后逐渐凝聚而成等。他是中国和世界广泛考察喀斯特地貌的卓越先驱。

$$CaCO_3 + CO_2 + H_2O = Ca(HCO_3)_2$$

过渡：大家都学过元素周期表，有没有想过这些元素的名称是由谁来翻译的呢？

教师：首先介绍江南制造局的成立。清朝洋务运动中成立的近代军事工业生产机构，为晚清中国最重要的军工厂，是清政府洋务派开设的规模最大的近代军事企业。江南制造局主要制造枪炮、水雷、弹药、机器和修造轮船，经费由国家提供。1904年，已发展为13家工厂，职工2500人。1868年造出第一艘兵轮，排水量700吨，曾国藩命名为"恬吉"号。1880年，试制成功阿姆斯特朗炮。1893年，江南制造局仿造毛瑟枪成功，每分钟可以射击25次。江南制造局附设的翻译馆是翻译西方科技工艺书籍的译书机构，内有中国科学家徐寿、李善兰、华蘅芳等，有传教士傅兰雅等。在中外人士的通力合作下，翻译馆翻译出版了大量的军事、数学、物理、化学、生物、地质等书籍，不仅推动中国建立了最初的近代科学体系，也对近代思想界产生了巨大的影响。

教师：可见，徐寿父子对西方科学文化传播到国内作出了巨大贡献。那么他是如何翻译的呢，采用哪些方法？

（展示文字材料：）

（绿淡）绿气与淡气化合止此一物，化学内最危险之品，此其一也，性甚奇异。

取法：将铅盆盛淡轻，绿一分水十二分消化，再将绿气一瓶倒置瓶口浸入铅盆水内，少顷见瓶内水面滴滴似油，即绿淡也，凝成之后渐沈水下。然初成之时，即宜远离，切不可快走乱动；收取之时，宜用铁丝网遮护面目，再用极厚羊毛布套手，缓缓取出绿气之瓶，轻轻移开，慎勿摇动，及触瓶口为要。

学生：请大家相互讨论分析这段文字的主要内容。

教师：如何翻译化学名称呢？ 1.根据物质的性质，如氯气翻译为绿气，氢气翻译为轻气。2.金属元素翻译采用金字旁加上音译之后的简单汉字合体的方法。非金属则换个石字旁。

教师：徐寿作出的巨大贡献还包括发明了无烟火药。黑火药是由硫粉、碳、硝酸钾粉末制得的。我们来分析一下黑火药爆炸的原理及气体膨胀情况。

物质	KNO_3	S	C	K_2S
密度（g·cm^{-3}）	2.1	1.96	2.1	1.8

计算表明，折算在标准状况下的数据，燃爆后气体的体积与燃爆前的体积之比约为：

$$\frac{V(后)}{V(前)} = \frac{4 \times 22.4 \times 1000}{(2 \times 101+32+3 \times 12)/2} \approx 663$$

过渡：无烟火药的主要成分为硝化甘油，通过计算，我们可以发现其性能比黑火药优异。1885年由法国人首先制备出来。徐寿等于1895年研制出无烟火药，为国家的军事工业作出了巨大贡献。

$$4C_3H_5N_3O_9 \rightarrow 12CO_2+10H_2O+6N_2+O_2$$

$$\frac{V(后)}{V(前)} = \frac{29 \times 22.4 \times 1000}{4 \times 227/1.6} \approx 1145$$

教师：新中国成立以来，钱伟长、姚桐斌等一中校友为新中国的科学技术发展、两弹一星事业作出了卓越贡献。课前同学们已经做了相关资料查询，下面请每位小组派一名代表进行分享。

三、教学反思

本节课通过对徐霞客、徐寿、钱伟长等科学家事迹的介绍了解江南地区（主要是无锡）科技文化。通过查阅资料、小组合作等方式了解一中校友姚桐斌等在"两弹一星"事业上作出的巨大贡献。（部分材料来自网络搜索，在此表示感谢）本节课还需要在小组合作、资料查阅引导方面进一步加强。

项目学习材料（来源于网络）：

（一）伟大的野外考察家——徐霞客

徐霞客（1587—1641），是中国明代伟大的探险家、杰出的旅游地学家，他的主要成就是留下了被称为中华文化经典的洋洋60万字的《徐霞客游记》。《游记》的开篇之作《游天台山日记》写于

1613 年的阴历三月晦，即三月的最后一天，阳历正是 5 月 19 日。"中国旅游日"之所以定为每年的 5 月 19 日，正是根据《游记》的开篇时间设定的。

据考证，徐霞客的始游是在万历三十五年，即 1607 年。他游历了太湖，并登太湖中的洞庭东西两山眺望太湖。1609 年，徐霞客还游历了齐、鲁、燕、冀等地，不仅登上了泰山，还拜谒了孔林。1613 年在游天台山之前还游了浙江的普陀。但在《游记》中，没有这些地方的游记，一种可能是当时未写，还有一种可能是遗落了。

《游记》现存 10 卷。第一卷共 17 篇，主要反映了徐霞客 51 岁前的游历。其中 14 篇是游名山的日记，涉及天台山、雁荡山、白岳山（齐云山）、黄山、武夷山、庐山、嵩山、太华山（华山）、太和山（武当山）、五台山、恒山共 11 座名山，黄山、天台山、雁荡山都写了两篇。卷一的另外 3 篇记录了他的福建之旅。

卷二包括《浙游日记》《江右游日记》《楚游日记》，记录了他 1636 年 9 月开始的为期近 7 个月的浙江、江西、湖南之旅，这 7 个月是徐霞客万里西南行的序幕。到此，他对中国东部的名山胜水已经基本考察完毕。

卷三和卷四上部是徐霞客在广西的野外考察。他翔实记录了桂林地区的峰林和峰丛以及不同的地面水文（河流）状况；广西境内多达百余个喀斯特溶洞以及洞内景观即洞内次生化学沉积物，这为我们今天的研究提供了宝贵的资料；珠江干流西江上游水系的水文、流向、形态等。卷四下部是贵州的游记，贵州是徐霞客入滇考察的一个通道。

卷五直到卷十上（下部是附编，有徐霞客的诗文、传志、题诗等），也就是《游记》整个篇幅的一半以上，是"滇游日记"13 篇，加上《游太华山（昆明西山）记》《游颜洞记》《盘江考》和《溯江纪源》4篇，共17篇。

在徐霞客的年代，像他这样出身书香门第的人，大都走科举做官这条路。然而，徐霞客对这条禁锢思想、限制学习内容的"功名"之路不感兴趣，他要走另外一条路，那就是认识和考察祖国的山川和大地。他认为："丈夫当朝碧海而暮苍梧，乃以一隅自限耶？""向之天游，此身乃山川之身。"

徐霞客和他的《游记》在地学乃至自然科学上的贡献主要表现在5个方面：

第一，《游记》是一部百科全书式的著作，对天气、植物、动物、地貌、水文、矿产等自然要素进行了忠实和详细的记载，为今天我们研究气候变化、环境变迁以及物种兴衰等方面提供了真实可靠的历史资料。比如，《游记》开篇之作的第一段是这样写的："自宁海出西门，云散日朗，人意山光，俱有喜态。三十里，至梁隍山，闻此地菸莵夹道，月伤数十人，遂止宿。"可以说，《游记》是以老虎（即菸莵）开篇的。除了天台山有虎外，《游记》中还提到嵩山有虎，湖北均州有虎，湖南东部茶陵有虎，广西柳州境内有虎，云南剑川金华山有虎，云南大理石门山有虎，云南腾冲有虎……由此可见，17世纪中国境内虎（华南虎）的分布是相当广泛。而400年后，中国的野生虎，特别是华南虎最乐观的估计不超过七八十只。

第二，他为长江之源、珠江之源的探索研究作出了历史贡献。

第三，他是喀斯特地貌描述、分类和命名的鼻祖，具体表现在对地面喀斯特（石山、天生桥等）、负地貌（竖井、磐洼等）、溶洞（干洞、水洞等）、钟乳石（仙人田、石乳等）4种地貌的分类和命名。

第四，他对丹霞地貌形态做了开创性的描述。徐霞客考察了9座丹霞名山——赤城山、齐云山、武夷山、龙虎山、龟峰、飞天山、白石山、都峤山、桃源洞，对它们形态的描述今天看来仍不过时。

第五，《游记》运用准确的数字描述或分类对比。徐霞客对各自然要素的描述尽量给出一个具体的数字，实在给不出来，则分类给一个对比，让读者知道具体的"量"，不使用含糊的语句。《游记》中还有好几个"洞穴排行榜"，这也是一种科学的描述方法。

正因为以上5个特点，400余年都不过时的科学著作，称之为"伟大的著作"是毫不过分的。

（二）宜兴紫砂陶艺

宜兴紫砂陶以壶为代表，是中国陶瓷的一朵奇葩，有着源远的历史和深厚的文化背景。

（1）五千年的制陶史

早在新石器时代，宜兴先民就掌握了制陶技术，在宜兴已发现新石器时期文化遗址多处，与磨制石器一起出土有丰富的夹砂红陶、泥质红陶、白衣黑陶和灰陶的碎片，成型手法以手制为主，兼有轮制。商周时代的遗址，分布相当广泛，灰陶和几何印纹陶已占相当比重，特别是烧成温度已得到较大提高（1000℃左右），褐色陶已产生，轮制成型已占相当比例。春秋战国时期，宜兴陶瓷发展较快，已烧成印纹硬陶，烧成温度已达1100℃以上。原始青瓷也开始产生，遗器亦发现有未经选练的初级紫砂泥罐，这时期宜兴陶的工艺与装饰均有相当提高。秦汉时期是宜兴陶瓷的一个重要发展时期，早在东汉前期釉陶已成功烧制，在丁蜀及附近地区，汉窑址已发现了二十多座，规模之大、品种之多，令人慨叹。三国、两晋、南北朝时期是宜兴陶瓷的一个高峰，地处丁蜀镇汤渡村附近的均山窑以烧造青瓷而闻名，均山青瓷最迟在东汉中叶已烧制成功，至元朝数百年中从未间断，产品属越窑系。宜兴的唐代青瓷开始使用龙窑烧制，涧众龙窑已使用窑具匣钵。烧成技术的提高不仅使产量大增，也使烧成温度与质量得到提高。宋代是宜兴陶瓷的一个转折时期，宋代全国瓷业空前发展，而宜兴陶业生产则在全国一片衰退中一枝独秀，军用品（俗称韩瓶）的需求导致大量的生产和陶矿的大量开采，这部分工艺仍以轮制为主，但日用品生产的手制工艺日趋成熟。这为以后紫砂独特成型工艺的形成和发展奠定了坚实的基础。从遗器来分析"泥片镶接""通嘴法""打孔捏塞法""斫木为模""泥条拍打成型"等紫砂工艺手法均已初步形成。在宋代宜兴陶瓷的发展中，特别要强调的是此时在陶矿中发现并认识了世界上独一无二的紫砂泥。

（2）得天独厚的紫砂泥

宜兴陶瓷的历史与发展，首先因为宜兴有着丰富的陶土资源，同样，宜兴紫砂陶的发展亦得益于紫砂泥的发现和认识，紫砂泥早在春秋战国时期便被夹杂在"夹泥"中使用，但其独特的性质却至宋代方开始被发现和认识，紫砂泥又称岩中泥、泥中泥，其产于黄龙山黄石岩下，夹甲泥矿中，它不同于一般黏土，其质地介于"石"和"泥"之间，它不能用水直接膨润，需经风化、精选、粉碎、过筛、除铁、加水搅练后经陈腐方有理想的可塑性，半成品经 1100～1200℃氧化焰烧成（弱还原烧成效果更好、并可还原烧成不同效果，轮制成型作品更可烧成 1240～1280℃）。紫砂泥是紫泥（产黄龙山"夹泥"矿中）、本山绿泥（甲泥矿内的夹脂）和红泥（夹嫩泥矿中，又称"朱砂泥"）的总称，它具有很多优良的性能及特点。

（3）悠久而辉煌的茶文化史

茶具依附茶而生，作为宜兴紫砂的代表——紫砂壶的产生与宜兴悠久而辉煌的茶文化密不可分。从汉王到宜兴茗岭"课童艺茶"设教人种茶、饮茶的学校等茶事活动来看，宜兴早在西汉已开始种茶饮茶；至东晋和南朝时期宜兴茶已著名，如《桐君录》述"西阳、武昌、晋陵皆出好茗"，晋陵为常州古名，茶出宜兴；到了唐代阳羡茶更因茶圣陆羽直接推举入贡而天下闻名，卢仝的咏茶诗《走笔谢孟谏议新茶》被称为千古佳作，便是赞颂宜兴阳羡茶，其中"天子须（未）尝阳羡茶，百草不敢先开花"，突出了阳羡茶为第一贡茶至宋明不绝，更是深得文人雅士所好。苏东坡曾有"雪芽为我求阳羡，乳水君应饷惠山"句。明文征明诗有"白绢旋开阳羡月"，阳羡月指阳羡团茶。更值得一提的是，明以前江南宜兴这一带便有散茶生产，不过团茶作为贡品是主流，所以一般人对散茶不了解，其实《茶经》"六之颂"中提到"饮有粗茶、散茶、未茶、饼茶者"，《宋史·食货志》补载："茶有两类，曰片茶，曰散茶……散茶出淮南归州，江南荆湖，有龙溪、雨前、雨后、绿茶之类十一等。"南宋《韵语阳秋》对宜兴贡茶考证"自建茶入贡，阳羡不复研膏，只谓之草茶而已"，宋时期茶称之草茶。可见明朱元璋废团茶兴叶茶前，团茶与散茶是并存的，明废团茶后才产生紫砂茶具这种说法有误，明以前散茶在宜兴的产生，这对宜兴紫砂的产生与发展起着积极的推动作用。

（三）中国化学之父——徐寿

在我国，系统地介绍近代化学的基础知识大约始于19世纪60年代。在这一方面，徐寿做了重要的工作，许多科学史专家都公推徐寿为我国近代化学的启蒙者。徐寿，1818年出生在江苏省无锡市郊外一个没落的地主家庭。5岁时父亲病故，靠母亲抚养长大。在他17岁时，母亲又去世。幼年失父、家境清贫的生活使他养成了吃苦耐劳、诚实朴素的品质，正如后人介绍的那样："赋性狷朴，耐勤苦，室仅蔽风雨，悠然野外，辄怡怡自乐，徒行数十里，无倦色，至不老倦。"

青少年时，徐寿学过经史，研究过诸子百家，常常表达出自己的一些独到见解，因而受到许多人的称赞。然而他参加取得秀才资格的童生考试时，却没有成功。经过反思，他感到学习八股文实在没有什么用处，毅然放弃了通过科举做官的打算。此后，他开始涉猎天文、历法、算学等书籍，准备学习点科学技术为国为民效劳。这种志向促使他的学习更为主动和努力。他学习近代科学知识，涉猎很广，凡科学、律吕（指音乐）、几何、重学（即力学）、矿产、汽机、医学、光学、电学的书籍，他都看。这些书籍成为他生活中的伴侣，读书成为他一天之中最重要的活动。就这样，他逐渐掌握了许多科学知识。

在徐寿的青年时代，我国尚无进行科学教育的学校，也无专门从事科学研究的机构。徐寿学习近代科学知识的唯一方法是自学。坚持自学需要坚韧不拔的毅力，徐寿有这种毅力，因为他对知识和科学有着真挚的追求。在自学中，他的同乡华蘅芳（近代著名的科学家，擅长数学，比徐寿年幼15岁）是他的学友，他们常在一起，共同研讨遇到的疑难问题，相互启发。

在学习方法上，徐寿很注意理论与实践相结合。他常说："格致之理纤且微，非藉制器（即不靠试验）不克显其用。"1853年，徐寿、华蘅芳结伴同往上海探求新的知识。他们专门拜访了当时在西学和数学上已颇有名气的李善兰。李善兰正在上海墨海书馆从事西方近代物理、动植物、矿物学等书籍的翻译。他们虚心求教、认真钻研的态度给李善兰留下了很好的印象。这次从上海回乡，他们不仅购买了许多书籍，还采购了不少有关物理实验的仪器。

回家后，徐寿根据书本上的提示进行了一系列的物理实验。为了攻读光学，买不到三棱玻璃，他就把自己的水晶图章磨成三角形，用它来观察光的七彩色谱，结合实验攻读物理，使他较快地掌握了近代的许多物理知识。有一次，他给包括华蘅芳的弟弟华世芳在内的几个孩子做物理实验演示。先叠一个小纸人，然后用摩擦过的圆玻璃棒指挥纸人舞动。孩子们看了感到很惊奇和可笑。通过这样的演示，他把自己学到的摩擦生电的知识传授给了他人。

1856年，徐寿再次到上海，读到了墨海书馆刚出版的、英国医生合信编著的《博物新编》的中译本，这本书的第一集介绍了诸如氧气、氮气和其他一些化学物质的近代化学知识，还介绍了一些化学实验。这些知识和实验引起了他的极大兴趣，他依照学习物理的方法，购买了一些实验器具和药品。根据书中记载，边实验边读书，加深了对化学知识的理解，同时还提高了化学实验的技巧。徐寿甚至独自设计了一些实验，表现出他的创造能力。坚持不懈地自学，实验与理论相结合的学习方法，终于使他成为远近闻名的掌握近代科学知识的学者。鸦片战争失败的耻辱，促使清朝统治集团内部兴起一阵办洋务的热潮。所谓洋务即是应付西方国家的外交活动，购买洋枪洋炮、兵船战舰，还学习西方的办法兴建工厂、开发矿山、修筑铁路、办学堂。但是，作为封建官僚权贵，洋务派大都不懂这些洋学问。兴办洋务，除了聘请一些洋教习外，还必须招聘和培养一些懂得西学的中国人才。洋务派的首领李鸿章就上书要求，除八股文考试之外，还应培养工艺技术人才，专设一科取士。在这种情况下，博学多才的徐寿引起了洋务派的重视，曾国藩、左宗棠、张之洞都很赏识他。1861年，曾国藩在安庆开设了以研制兵器为主要内容的军械所，他以研精器数、博学多通的荐语征聘了徐寿和他的儿子徐建寅，以及包括华蘅芳在内的其他一些学者。

徐寿在学习科学知识的同时，很喜欢自己动手制作各种器具。当年他曾在《博物新编》一书中得到一些关于蒸汽机和船用汽机方面的知识，所以徐寿等人在安庆军械所接受的第一项任务是试制机动轮船。根据书本提供的知识和对外国轮船的实地观察，徐寿等人经过3年多的努力，终于独立设计制造出以蒸汽为动力的木质轮船。

这艘轮船命名为"黄鹄号",是我国造船史上第一艘自己设计制造的机动轮船。

为了造船需要,徐寿在此期间亲自翻译了关于蒸汽机的专著《汽机发初》,这是徐寿翻译的第一本科技书籍,它标志着徐寿从事翻译工作的开始。1866年底,李鸿章、曾国藩要在上海兴建主要从事军工生产的江南机器制造总局。徐寿因其出众的才识,被派到上海襄办江南机器制造总局。徐寿到任后不久,根据自己的认识,提出了办好江南机器制造总局的四项建议:"一为译书,二为采煤炼铁,三为自造枪炮,四为操练轮船水师。"把译书放在首位是因为他认为,办好这四件事,首先必须学习西方先进的科学技术,译书不仅使更多的人学习到系统的科学技术知识,还能探求科学技术中的真谛即科学的方法、科学的精神。正因为他热爱科学,相信科学,在当时封建迷信盛行的社会里,他却成为一个无神论者。他反对迷信,从来不相信什么算命、看风水等,家里的婚嫁丧葬不选择日子,有了丧事也不请和尚、道士来念经。他反对封建迷信,但也没有像当时一些研究西学之人,跟着传教士信奉外来的基督教。这种信念在当时的确是难能可贵的。

为了组织好译书工作,1868年,徐寿在江南机器制造总局内专门设立了翻译馆,除了招聘包括傅雅兰、伟烈亚力等几个西方学者外,还召集了华蘅芳、季凤苍、王德钧、赵元益及儿子徐建寅等略懂西学的人才。年复一年,他们共同努力,克服了层层的语言障碍,翻译了数百种科技书籍。这些书籍反映了当时西方科学技术的基本知识、发展水平及发展动向,对近代科学技术在我国的传播起了很大的作用。

徐寿和他的译书馆,随着一批批介绍国外科学技术书籍的出版发行,声誉大增。在制造局内,徐寿对于船炮枪弹还有多项发明,例如他能自制镪水棉花药(硝化棉)和汞爆药(即雷汞),这在当时确是很高明的。他还参加过一些厂矿企业的筹建规划，这些工作使他的名气更大了。李鸿章、丁宝桢、丁日昌等官僚都争相以高官厚禄来邀请他去主持自己操办的企业，但是徐寿都婉言谢绝了，他决心把自己的全部精力都投入译书和传播科技知识的工作中去。直到1884年逝世，徐寿共译书17部，105本，168卷，共约287万字。其中译著的化学书籍和工艺书籍有13部，反映了他的主要贡献。徐寿所译的《化学鉴原》《化学鉴原续编》《化学鉴原补编》《化学求质》《化学求数》《物体遇热改易记》《中西化学材料名目表》，加上徐建寅译的《化学分原》，合称化学大成。将当时西方近代无机化学、有机化学、定性分析、定量分析、物理化学以及化学实验仪器和方法做了比较系统的介绍。这几本书和徐寿译著的《西艺知新初集》《西艺知新续集》，这是介绍当时欧洲的工业技术的书籍，被公认是当时最好的科技书籍。此外，徐寿在长期译书中编制的《化学材料中西名目表》《西药大成中西名目表》对近代化学在我国的传播发展发挥了重要作用。

在徐寿生活的年代，我国不仅没有外文字典，甚至连阿拉伯数字也没有用上。要把西方的科学技术的术语用中文表达出来是项开创性的工作，做起来实属困难重重。徐寿译书的过程，开始时大多是根据西文的较新版本，由傅雅兰口述，徐寿笔译。即傅雅兰把书中原意讲出来，继而是徐寿理解口述的内容，用适当的汉语表达出来。西方的拼音文字和我国的方块汉字，在造字原则上有极大不同，几乎全部的化学术语和大部分化学元素的名称，在汉字里没有现成的名称，这可能是徐寿在译书中遇到的最大困难，为此徐寿花费了不少心血，对金、银、铜、铁、锡、硫、碳及养气、轻气、绿气、淡气等大家已较熟悉的元素，他沿用前制，根据它们的主要性质来命名。对于其他元素，徐寿巧妙地应用了取西文第一音节而造新字的原则来命名，例如钠、钾、钙、镍等。徐寿采用的这种命名方法，后来被我国化学界接受，一直沿用至今，这是徐寿的一大贡献。

为了传授科学技术知识，徐寿和傅雅兰等人于1875年在上海创建了格致书院。这是我国第一所教授科学技术知识的场所。它于1876年正式开院，1879年正式招收学生，开设矿物、电务、测绘、工程、汽机、制造等课目。同时定期地举办科学讲座，讲课时配有实验表演，收到较好的教学效果。为我国兴办近代科学教育起了很好的示范作用。在格致书院开办的同年，徐寿等创办发行了我国第一种科学技术期刊——《格致汇编》。刊物始为月刊，后改为季刊，实际出版了7年，介绍了不少西方科学技术知识，对近代科学技术的公开传播起了重要作用。

晚年，徐寿仍将自己的全部心血倾注于译书、科学教育及科学宣传普及事业上。1884年病逝在上海格致书院，享年67岁。综观他的一生，不图科举功名，不求显官厚禄，勤勤恳恳地致力于引进和传播国外先进的科学技术，对近代科学技术在我国的发展作出了不朽的贡献，不愧为科学家的一生，近代化学的启蒙者。

四、中国近代科技先驱——华蘅芳

华蘅芳，字若汀。1833年出生于江苏无锡。1902年因病去世，享年70岁。华蘅芳是中国近代杰出的数学家、科技文献翻译家，他在数学研究方面和翻译介绍西方近代数学方面都作出了显著成绩。

华蘅芳从童年起就对自然科学有浓厚兴趣，尤其爱好数学。14岁时他已认真学习了集宋元以来我国数学大成的《算法统宗》残本，基本上掌握了其内容。1848年到1852年间，他继续刻苦研读了中国古典数学著作，如《周髀算经》《九章算术》等数学著作。

与此同时，他努力学习当时西方数学著作的最新译本，每得一书，常常废寝忘食地研读不辍，并与我国近代化学家徐寿"日夜不休，必相切磋，共解疑难问题，求涣然冰释而后已"。

因此，华蘅芳在青年时期便打下了坚实的数学基础。1859年，华蘅芳写成了第一部数理著作《抛物浅说》。

1861年，华蘅芳、徐寿进入安庆内军械所，接受试制枪炮弹药的任务。他们在试制中认真钻研西方有关的近代科学，吸收先进知识。次年，他们与吴嘉廉等试制木质轮船，经过3个月的努力，首先制成一台小型蒸汽机。1864年内军械所迁至南京，他与徐寿合作继续试制，终于试制成功了重25吨、时速约28里的火轮船"黄鹄号"。通过这一阶段的各种试制工作，华蘅芳不仅进一步学习了大量西方近代数学知识，而且通过应用更加深了对西方近代数学先进性的认识。从此，他便决心终生致力于翻译西方数学文献，研究中西数学之贯通。

1865年，创设上海江南制造局。华蘅芳遂入制造局。他与徐寿立即倡议附设翻译馆，以大量翻译与制造局生产有关的西方科技书籍。江南制造局翻译馆参加笔述的先后有30余人，华蘅芳、徐寿、李善兰等是中坚人物。在他们的带领下，翻译馆先后译书约170种，远远超过了京师同文馆同一时期的译书数量，成为我国当时最重要的一个译书机构，为及时向国人传播西方近代科技知识起到了先驱的作用。华蘅芳先后参与译述校审的书籍甚为丰富，有《防海新论》《代数术》《微积溯源》《代数难题解法》《三角数理》《算式解法》《地学浅释》《金石识别》以及《决疑数学》《合数术》等多种西方近代数理著作。

他的译书题材广泛，涉及数学、地质学、地文学等领域，但主要是在数学方面。他通过译书向我国人民比较系统地介绍了关于代数、三角、指数、微积分和概率论等知识。《代数术》是由"代数通微积最便之路"。《代数难题解法》则"读之极能启发人之心思，既读《代数术》以后，不可不读是书也"。至于微积分与概率论等内容，是当时数学中最新的知识。梁启超曾说："……可习微分积分，则为今时世界上算学之峰极矣。"书评家徐维则在评《微积溯源》时亦称"微积为今日算学之峰极"。

关于华蘅芳的译书质量，徐世昌在编纂《清儒学案》时，曾赞誉他的译书"文辞畅朗""足兼信达雅三者之长"。梁启超在评论华蘅芳等人所译数学书籍的质量时曾说："中国译出各西书……唯算学一门，西人之法，无更新于微积者，而当时笔受诸君，又皆深于此学，不让彼中人士，故诸西书中，以算学为最良也。"当时能够通过阅读原著而学习最新数学知识者人数是很少的，由于华蘅芳精通中西数学，译文畅达，他的大量译书无疑对方便读者阅读、促进我国数学的发展是大有裨益的。

华蘅芳通过译书对中西算法更加融会贯通。为了提高我国的数学水平，他一边译书，一边还进行数学研究。他将研究心得写成许多数学著作。他先后撰写的著作有《开方别术》《数根术解》《积较术》《学算笔谈》《平面三角测量法》等20种左右。华蘅芳曾经把这些著作与其弟华世芳的著作，分别纳入几种汇刻本。由于内容十分丰富，他的这些汇刻本后来有过多次重刻本。清末大数学家李善兰曾赞誉《开方别术》为"空前绝后"之作。而《积较术》一书则比日本出版的同类书籍早了十几年，因此有人赞誉华蘅芳为"先觉"。一方面，华蘅芳通过译书推动了数学研究；另一方面，通过数学研究学术大进，译书的质量日臻完善。一些数学家不能从事翻译，多数翻译家又不善研究，当时像华蘅芳这样两者兼而有之的学者实为凤毛麟角。

华蘅芳的晚年，为了培养我国的数学人才，除了译书著说以外，还从事过许多教育工作。1887年，在天津任海光制造局、武备学堂教习；1892年，在武昌任两湖书院和自强学堂教员；1896年，又在常州担任过龙书院院长，并兼任江阴南菁书院院长。杰出的成就使华蘅芳理所当然地被载入我国各种数学史册，他的译著已经成为我国数学科学中宝贵的遗产。

五、一中校友——钱伟长

钱伟长是一位典型的"偏科生"，当年以中文和历史双百的优异成绩考进清华大学历史系。受叔父钱穆（历史学家、国学大师）影响颇深的他，本该成为一代文章大家。"我还记得当时的语文题目是《梦游清华园记》，我写了一篇赋，45分钟450字，出题目的老师想改，一个字也改不了。后来他给了一百分。历史题目是写二十四史的名称、作者、卷数，我一点错误都没有，又是满分。"但九一八事变的炮火唤醒了他的热血，他执意要改学物理专业。

"我要学造飞机大炮！"——钱伟长这个戏剧性的激情选择，当然很难被冷静的清华物理系的系主任吴有训（中国近代物理学奠基人、教育家）所接受，理由很简单：钱伟长大学考试物理得分是可怜巴巴的5分，数学、化学两科成绩加起来也不过20分，而英文则是0分，而清华大学的理工科课堂基本上是用英语讲授。为了说服吴有训教授，他针对吴有训心软的特点，每天软磨硬泡。吴有训给了他一个短暂的"试用期"，要求他在1年内将考试成绩提升至基准线以上才得"留用"。

为国家与民族生存而战所激发的生命活力，使在入学时身材矮小、孱弱的钱伟长展示出性格中伟岸、倔强的一面。"物理上了7个礼拜，测验一塌糊涂。我当时也有点儿害怕，就拼命学，每天早晨5时到科学馆去背书，最后变成了全班最好的学生。"

1935年，钱伟长不仅成为物理系研究生，还获得奖学金，跟随导师吴有训教授做稀土元素等的光谱分析。

1940年8月，钱伟长乘坐"俄国皇后号"邮轮抵达加拿大。在多伦多大学，钱伟长与导师辛吉第一次面谈时就碰出火花，双方惊喜地发现两人都在研究板壳理论，即弹性力学基本理论具体应用到板壳结构中的一种工程简化理论。辛吉教授认为，他本人的"宏观方程组"与钱伟长的"微观方程组"，表述方式虽然不同，但其实质等同。于是，钱伟长融合两种理论写成一篇论文——《弹性板壳的内秉理论》，被收入冯·卡门教授文集，奠定了他在美国科学界的地位。

1942年，钱伟长来到美国加州理工学院喷气推进研究所，在"世界导弹之父"冯·卡门教授的指导下，主要从事火箭的空气动力学计算设计、火箭弹道和地球人造卫星轨道计算方面的研究。1946年，他与导师冯·卡门合作发表《变扭的扭转》，成为国际弹性力学理论的经典之作。然而正当钱伟长在美国的事业如日中天的时候，他却选择了回国。

1. 科研多产　成就斐然

在科研上，钱伟长什么领域都去研究，在什么领域研究都有收获，于是有人戏称他为"万能科学家"，对此，他说："祖国的需要就是我的专业。"

从1957年被打成"右派"到1966年平反的9年间，这位被困在清华园里的科学家先后为各方提供咨询、解决技术难题100多个。1968年，钱伟长被分配到北京首都特钢厂做了一名炉前工，和工人们一起建立了热处理车间，还设计了当时北京最好的液压机床。由此，他也和工人们结下了深厚的感情。1972—1974年，当他接到为坦克和野外作业部门研制大电流高能电池的任务时，他查阅了有关的国内外资料，成功地研制出多项指标超过国际水平的锌空气电池，并协助成立了锌空气电池厂。

为了实现"科学救国"的抱负,新中国成立前,钱伟长几乎"承包"了清华大学机械工程系、北京大学和燕京大学工学院三校的基础课应用力学和材料力学及物理系的理论力学、弹性力学等课程,还担任《清华工程学报》主编等审稿工作。教学之余,钱伟长继续在润滑理论、圆薄板大挠度理论、锥流和水轮机曲线导板的水流离角计算等领域不懈钻研,撰写并发表了8篇有影响力的论文。

繁忙的科研与教学之外,钱伟长还为北京各所高校培训应用数学与力学的师资,1956年出版了我国第一本弹性力学专著。

钱伟长的社会兼职也令他忙得不亦乐乎。1951年中国科学院成立之初,钱伟长就兼任数学研究所、力学研究室主任。钱学森回国后建立了中科院力学研究所,钱伟长又兼任了副所长……1955年中科院学部成立,钱伟长成了第一批被选聘的学部委员,并兼任中科院学术秘书。值得指出的是1954—1956年,钱伟长还花大量精力参与由周总理亲自领导的制订我国自然科学12年规划的工作,经常通宵达旦地工作。在规划研讨会上,周总理公开赞誉钱学森、钱三强和钱伟长为"三钱"。此外,1953年,钱伟长还参与起草了新中国第一部宪法。就是在忙得连喘气都很紧张的情况下,钱伟长还是没有打乱自己的科研节奏。凭着让新中国科技早日腾飞的满腔热情,他成绩卓著地发表了20多篇科研论文,出版了《弹性柱体的扭转理论》《圆薄板大挠度问题》等专著。

2. 拆除隔篱　教研相长

1983年,已经71岁高龄的钱伟长调任上海工业大学校长。细心的邓小平还在指令上说明,担任大学校长不限其年龄。由此,钱伟长成为中国历史上上任时年龄最高、卸任时年龄同样最高的一位大学校长。

钱伟长在学校研究生复试时的提问,从来不问科学知识,只问人生方向。他特别看重学生的国家意识:"培养的学生首先应该是一个全面的人,是一个爱国者,一个辩证唯物主义者,一个有文化艺术修养、道德品质高尚、心灵美好的人;其次,才是一个拥有学科、专业知识的人,一个未来的工程师、专家。"

早在1993年,钱伟长率先在上海工业大学正式实行"学分制",使得因材施教有了抓手,优秀学生提前毕业成为可能,"让你学"变成了"我要学",同时还节省了教育资源。此举对整个国家教育制度改革具有垂范作用。

1994年,上海工业大学、上海科技大学、上海科技高等专科学校和原上海大学组建成新的上海大学,钱伟长继续担任校长。此时的上海工大已经建立起22个硕士点和5个博士点。钱伟长在行政管理之余,还亲自主持一个博士点,每年招收8名博士生。作为一位杰出的教育家,他提出了"拆除四堵墙"的高等教育理论,即拆除学校与社会之间的一堵墙;拆除老师与学生之间的一堵墙;拆除各学院与各科系、各专业之间的一堵墙;拆除教学与科研之间的一堵墙。

应该说，钱伟长是带着对中国教育现状的深深忧虑而去的。他最担心的两点是：师资队伍与人才培养。师资的资质在某种程度上决定学生的素质。他主张："教授应该讲基础课。讲课与科研两不误才是好老师。坏老师把教材越编越厚，好老师把教材越编越薄。我鄙视那种一本教科书讲30年不变的教学方式。"

说到人才，钱伟长强调："要培养全面的人，培养有创新精神的人。"他更注重培养对国家与民族有担当的人："你们说天下是什么？天下就是老百姓！百姓之忧、国家之忧、民族之忧，你们是否放在心上？不以国家为重的人，是没有分量的人。"

第九讲　从校史变迁中坚定文化自信

一、教学目标

从校史文化的现场教学中，通过校史的故事与校史的人物讲解，学生能够提炼无锡一中百余年校史发展与国家民族的同频共振，能够体悟到无锡一中红楼学子为国为民而读书的使命担当。

通过理论梳理，从学理上对"四个自信"的理论内涵有进一步了解，结合案例进一步凸显文化自信在"四个自信"中的地位与作用，进一步坚定学生的文化自信。

二、教学过程

今天的《文化自信·江南文脉》校本选修课程，我们要来学习《从校史变迁中坚定文化自信》的内容。这个课题中有两个关键词：其一是校史变迁，其二是文化自信。今天的校本选修课我们分成两段，第一段我们在教室里上"文化自信概论"的理论课，第二段我们将转场至无锡一中校史馆，进行"校史变迁"的现场教学。

首先开始今天文化自信概论的学习。

从政治学科的角度来看待一个概念或者一个事件，我们往往从三个层次进行把握，分别是"是什么""为什么"和"怎么做"，我们今天就从这三个角度来看看"文化自信"的问题。

我们来看看什么是文化自信。

其实文化自信的前面还有一个定语，那就是（中国特色社会主义的）文化自信。党的十九大提出，"要坚持以马克思主义为指导，推动中华优秀传统文化创造性转化、创新性发展，继承革命文化，发展社会主义先进文化，不忘本来、吸收外来、面向未来"。这里的十二个字"不忘本来、吸收外来、面向未来"，很好地解释了什么是文化自信的问题。我们具体来看一看。

习近平总书记说："讲文化自信，有充分理由和充足底气。"因为中国特色社会主义文化源自中华民族 5000 多年的文明历史孕育出的中华优秀传统文化；熔铸于党领导人民在革命、建设和改革中创造的革命文化和社会主义先进文化；植根于中国特色社会主义伟大实践。

这里的中华优秀传统文化、革命文化和社会主义先进文化都是在五千年历史长河中，在中国革命、建设和改革过程中已经形成了的文化，这是不忘本来。这里又要注意，文化本身不是封闭的、凝固不变的，它又是植根于中国特色社会主义伟大实践的，所以它又是面向未来发展变化的。

文化自信的外在表征还体现在对待外来文化的正确态度上。既不盲目自大，全盘否认外来文化；也不历史虚无，一味怀疑本民族的文化。这就是吸收外来的问题。

正因为做到了文化的"不忘本来、吸收外来、面向未来"，所以有理由文化自信。

那么怎么才能坚定文化自信呢？本节课以 2019 年江苏省的政治高考试卷为例，看看高考试卷的编制对我们坚定文化自信有什么启发。

第九讲 从校史变迁中坚定文化自信

第一串材料：

材料		结论
"梵净山"与"藏医药浴法"的申遗成功 某少数民族地区将非遗与扶贫相结合的做法	⇒	各民族文化的繁荣共同构筑了博大精深的中华文化
京剧曲调 法国绘画大师高更代表作 美国作家著名散文集	⇒	文化是民族的，文化也是世界的——文化的多样性

2018年我国获准列入《世界遗产名录》和《人类非物质文化遗产代表作名录》的两个项目

材料		结论
苗族蜡染手机套与苗绣小书包的非遗技艺 全国政协十三届二次会议对文物保护的建言献策	⇒	文化遗产对于展现文化多样性的独特作用

⇓

文化多样性是人类社会的基本特征，是人类文明进步的重要动力

所以要坚定文化自信，必须要有"文化多样发展的全球视野"。

第二串材料：

材料		结论
非遗技艺生产出让游客爱不释手的产品 老字号"守得住经典，当得了网红" 用京剧曲调做起了戏曲课间操 重新挖掘皮影、剪纸、微雕等传统手工艺价值	⇒	中华文化的继承与发展

[我国精准扶贫攻坚战，重点解决实现"两不愁、三保障"，其中一点就是要保障义务教育　全国政协委员重点讨论高等教育发展的举措都将视角聚焦于教育问题] ⟹ [教育]

["从古老的雕版印刷、活字印刷，到现在的激光照排、电子存储"技术使书籍走进了千家万户] ⟹ [科学技术]

⟱

[科学技术、教育对文化的传承创新产生重要影响]

可见要坚定文化自信，必须要有"文化传承创新的历史视野"。

第三串材料：

["人工智能作恶"　"软世代"社会现象　"鱼与水"的故事] ⟹ [理性面对现实　客观分析文化现象　把握正确的方向　提高辨别不同性质文化的眼力]

可见要树立真正的文化自信，必须要有"文化现象辨析的微观视野"。

第四串材料：

试卷独具匠心地考查了一个汉字"犁"。从古文字"犁"的内涵分析入手，既说明了汉字文化的内涵丰富，指出了汉字是中华文明的重要标志；也通过对文字的具体分析，揭示了中华民族勤劳勇敢、自强不息的优秀品质。

第九讲 从校史变迁中坚定文化自信

【篆字"辭"】 ⇒ 汉字是中华文明的重要标志
中华民族勤劳勇敢、自强不息的优秀品质

蜜蜂不食人间仓，玉露为酒花为粮。
A. 离离原上草，一岁一枯荣
B. 坚车能载重，渡河不如舟
C. 路遥知马力，日久见人心
D. 射人先射马，擒贼先擒王

⇒ 中华民族独特的民族基因
显示了中华民族厚重的文化底蕴
强大的民族凝聚力

17种抗癌药纳入医保目录
21个罕见病药品给予增值税优惠
降低并统一大病保险起付线
报销比例由50%提高到60%
实施社区化托育服务
政务服务"下放"至村一级代办点

⇒ 民本思想

在乡村振兴中某乡镇以琴为媒，以展现钢琴文化、促进社会和谐为主线，弹奏优美的乡村振兴"钢琴曲"
西藏民主改革60周年，实现了由贫穷落后向文明进步的伟大跨越
选择适合个人的体育旅游项目

⇒ 和合思想

通过收购国外汽车制造巨头，以期通过协同与分享占领技术制高点；
在中美贸易争端问题突出的当下，中国主张通过平等协商解决贸易争端，希望双方着眼于未来，管控分歧，寻求共识，合作共赢的思路

⇒ 中华文化之所以源远流长、博大精深，就在于它的包容性（求同存异和兼收并蓄）

要坚定文化自信，除了要有"文化多样发展的全球视野""文化传承创新的历史视野""文化现象辨析的微观视野"，同时还必须要有"文化民族基因的中国视野"。

这四个视野其实就是回答了我们应该如何培育文化自信、坚定文化自信的具体方法。

最后一个问题，为什么要强调文化自信？

我们回到"四个自信"的理论层面进行分析。"四个自信"分别是指中国特色社会主义道路自信、制度自信、理论自信和文化自信。大家有没有注意到，"四个自信"中的"道路自信、理论自信、制度自信"均属于政治自信的范畴，政治自信与文化自信之间是相互影响、相互作用的关系。习近平总书记强调，文化自信是四个自信中更基本、更深沉、更持久的自信。

为什么这么说呢？

我国实行"一国两制"，坚持一个中国原则是前提和基础。为什么"一国两制"中"一国"是前提和基础？这是有深层次的原因的。首先我们从政治层面来看，我国的国家结构形式是单一制国家结构形式，所谓单一制就是强调中央政府的统一领导。了解历史我们就可以知道，公元前221年中国历史上第一个统一的中央集权的王朝——秦朝建立。而中央政府正是通过郡县制，实现了中央对地方政权直接有效的控制。政治制度分为两层，一层是政治制度，一层是历史上的政治制度，那为什么会有这样的政治制度，有这样的历史？大家可以看到，始皇纪功石刻中就有这样一句话"乃今皇帝，壹家天下，兵不复起"。中华文化古往今来都是强调大一统的，这是融入文化血脉之中的对统一、和平的深层次的价值追求。所以政治也好、历史也罢，深层次的是文化。现在再反过来看一下这句话"道路自信、理论自信、制度自信均属于政治自信的范畴，政治自信与文化自信之间又是相互影响、相互作用的，而其中更基本、更深沉、更持久的是文化自信",你们是不是就更能理解了?

刚才我们从"是什么""为什么"和"怎么做"三个层面给大家讲解了文化自信的概论学习。接下来,我们就要走进无锡市第一中学校史馆,现场听听一中的校史变迁,希望大家在接下来的现场教学中要深刻思考百年校史故事背后的文化影响,特别是江南文化对一中办学的影响。

我将分"办学初衷""办学转型""校址变迁""百年历史"四个方面来讲我们一中自己的故事。

故事一——办学初衷:服务工商发展

现场教学点一:无锡一中简介处

独特的地理位置让位于江南地区的无锡历来就有"鱼米之乡"之称。发达的农耕文明催生了近代的民族工商业。1895年,业勤纱厂在无锡古运河畔顺势而生,成为我国最早的民族工商企业之一。无锡地区刮起一股"工商"暖风。一批卓有远见的爱国人士,提倡兴办实业。一时间,无锡的近代工商业蓬勃兴起。而与此同时又带来了工商业专门人才的缺乏。正是在这样的历史机遇面前,无锡县立初等工业学堂于1911年创立了。

从1911年至1927年间,学校先后更名为"乙种工业学校""乙种实业学校""商业学校"等,虽然几经变化,但始终重视培养学生实业救国的爱国热情与职业素养。作为一所公办职业学校,为无锡工商业的早期发展培养了急需的人才,在无锡近代工商业的发展中发挥了启蒙与启智的作用。

作为百年工商城的无锡,工商文化在无锡的地域文化中的地位可见一斑。无锡一中的最初办学,正是应地方工商业发展的需要,而学校的办学也正是在工商文化这种实用精神的感召下一步步走来的。

现场教学点二：陶守恒校长《无锡工业学校纪事》一文处

学校首任校长陶守恒先生在1913年所撰写的《无锡工业学校纪事》一文中阐述"先开染织科"的原因有二：一为吾邑前数十年均纺织棉布，近年洋布盛行，土布滞销，遂提倡丝织以改良之；一为吾邑之产丝甚多，大都全以原料输出，而几无丝织品，若以丝之天产品变为人工品，吾邑人又可得最多之工价也。

可以说，正是应了江南文化的经世致用才有了无锡一中的前世今生。

故事二——办学转型：顺应时代需要

江南自古就有崇文重教的浓郁风气。明清两代，全国七分之一以上的进士诞生在江南。东林书院的那副对联"风声雨声读书声声声入耳；家事国事天下事事事关心"，古往今来，更是激励了多少爱国知识分子前赴后继。

现场教学点三：无锡一中简介处

然而旷日持久的战争使中华大地满目疮痍，人们开始意识到只有依靠科学技术才能挽救中国。在科学救国的指引下，无锡县立初等职业学校逐步实现办学转型。1927年更名为无锡县立初级中学，开设国文、英文、数学、历史、地理、自然等科目，至此开始告别职业学校，开启普通中学的办学历史。至1944年，县立初中开始正式招收高中生。1945年抗战结束后，学校更名为无锡县立中学。

在战火纷飞的年代，县中师生心怀科学救国之志，坚持严谨治学态度，树立优良学习风气，将江南人的精益求精作为超越平庸的极致追求。"两弹一星"元勋姚桐斌，中国工程院院士张涤生、侯芙生、季国标等都是这个时期优秀毕业生的杰出代表。

新中国成立后，百废待兴，知识立国成为时代的呼唤。1952

年学校正式定名为无锡市第一中学。1953年，经教育部批准，江苏省教育厅确定学校为全省十七所（包括三所师范）首先办好的重点学校之一。改革开放以来，学校以"科教兴国"为旗帜，全面推进整体改革，先后被评为"全国教育系统先进集体""全国德育先进校""全国贯彻《学校体育工作条例》优秀学校""江苏省文明单位标兵""江苏省德育先进学校""江苏省教育科研先进集体""江苏省模范中学""江苏省基础教育课程改革先进集体"等。

可见，学校的发展与时代的需要同频共振，无锡一中在不同历史时期为社会发展培养有用人才，这正是对尚德务实的江南文化最生动和现实的诠释。

故事三——校址变迁：彰显红色追求

现场教学点四：无锡市第一中学校址沙盘处

1911年学校正式开办，校址定在原崇安寺后面，即寺后门1号，据说是晋代大书法家王羲之的故居。校园内的"右军涤砚池"是学校早期的重要文化古迹。1913年，学校迁入学前街无锡学宫办学，这里曾是历代学府官署的所在地。学宫明伦堂作学校礼堂，学宫讲堂为学校教室，学宫崇圣祠则改造为学校的图书馆和艺术教室。可以说，无锡一中是在中华优秀传统文化的濡染中走来。而正如开放包容的江南文化那样，无锡一中的办学又不仅限于此。它在办学中始终秉持着开放心态拥抱未来。

新中国成立后，国家大力发展教育。1950年学校被指定为苏南重点校，1953年被确定为江苏省首批重点中学。1954年，无锡市政府拨款购地，同年12月学校整体搬迁至锡惠山麓古运河畔。至此，苏式建筑八角红楼就此奠定无锡一中的红色基调。红色成为每一个一中人生命中挥之不去的标志色彩。

新的校区开启了无锡一中崭新的办学历史。当时名师汇集，全市的一级、二级教师大多在校执教,原全国政协副主席罗豪才、原全国人大常委会副委员长华建敏等都是从八角红楼中走出的优秀毕业生。十一届三中全会后,学校更是紧紧抓住发展机遇,以德育作为学校教育的突破口,不断探索校本特色的德育工作有效途径。逐渐形成思想教育系列化、理想教育具体化、行为教育规范化、自我教育制度化的"四化"特点。20 世纪 80 年代中期起,学校积极探索实现教学改革创新的有效途径。狠抓教改实验,以科研促改革;狠抓规章制度,以管理促改革;狠抓学科建设,扩大改革成果。

当时间的车轮前行至今,特别是党的十九大召开之后,学校坚定办学方向,积极回应"培养什么人""为谁培养人"和"怎样培养人"的问题。努力构建"聚焦立德树人,转变育人方式"的实践体系。以课程基地、前瞻性项目、品格提升工程为抓手,通过项目学习、跨界学习和智慧学习,指向传承红色基因、坚定文化自信、培养创新思维的行动目标。

回顾无锡一中的百余年办学,我们发现正如开放包容的江南文化一样,我们始终以开放办学的姿态融入大时代的熔炉之中,从传统文化中脱胎产生,在革命文化中坚定方向,在先进文化中寻求发展。在中华民族从站起来、富起来到强起来的过程中,始终不变的就是一中的那抹红色,始终不懈努力的就是一中红色基因的世代传承。

故事四——百年历史:承继爱国主线
现场教学点五:1935 年校歌校训处

当办学的行为经过历史的积淀,遭遇了时间的淘洗之后,需要我们对百余年的办学历史进行挖掘、重整和新的定位。悟读百年校史,爱国主义的引领,红色基因的传承始终未变。

有人说,江南最大的特色是水,那是"春来江水绿如蓝"的婉约和优美。而老子也曾说过:"天下莫柔弱于水,而攻坚强者莫之能胜。"刚柔相济才是江南水文化的本色。江南文化除了温和与通达之外,更有着"不尽长江滚滚流"的坚毅与刚烈。

1919年因为抵制日货,学校附属工厂被迫停办。面对日本侵华行为的加剧,学校把对学生进行爱国主义教育作为办学的首要目标。1935年提出修改后的校训为"服从,行动合乎纪律;牺牲,努力不计报酬;创造,不绝地求进取;独立,做事不依赖人",并把"以谋我民族复振,以谋我国权重伸"写进校歌。1935年日寇占领无锡后,学校被迫停办。1938年日寇推行奴化教育,遭到全校师生的抵制,前后两任校长严加拒绝,避走他乡。

现场教学点六:无锡市第一中学"读书研究会"介绍处

那时,无锡县中师生以思想活跃而闻名,他们都有着强烈的民族尊严感和社会责任感。九一八事变之后,师生以传唱抗日歌曲、印刷抗日刊物进行抗日救国;抗战爆发后,多名学生参军抗日或者通过中共地下党组织参加抗日救亡活动。从20世纪30年代起,一些进步学生就自发组织了"读书研究会",在学生中宣传进步思想,为红色革命播撒了思想的种子……

现场教学点七:钱伟长、姚桐斌、罗豪才图片处

正是在这样的学校文化熏陶下,从一中红楼走出去的毕业生,始终秉持着江南学子的铮铮铁骨,站在了为民族复兴、国家富强而负重前行的人群前列。钱伟长80岁考入清华历史系,第二天九一八事变爆发,他毅然决定弃文从理,掷地有声地说出:"我没有专业,国家的需要就是我的专业";"两弹一星"元勋姚桐斌放弃国外优厚待遇毅然回到"一穷二白"的祖国,投身火箭材料工艺技术的研究;罗豪才16岁因为参加反对英国殖民统治的斗争而被捕入狱；15名中学生光荣加入防化部队，在罗布泊的风沙中开启自己青春的闪亮篇章……

这些红色的故事从一中红楼起步，在一中校园传唱，百余年不曾间断。今天的一中，更是秉持"立德树人，为国育才"的教育理念，以"厚植红色基因，涵育求进品格"作为新时代青年学生品格培育的价值追求。明伦求进，红楼学子薪火不断，红色传承世代相继。

我们知道，江南文化不仅仅是古老中国已经过去的记忆，更是现代中国蓬勃发展的升级动力，并且寄托了未来中国梦实现的美好祝愿。地处江南文化核心区域的无锡一中，正是在江南文化这种独特的地域文化熏陶之下，从过去走到现在，不断迈向未来的。

三、教学反思

校史馆内的现场教学还要根据场馆布置重新梳理和整合校史故事，例如校址变迁和办学转型两个小故事可以合二为一进行。

校史故事要结合"四史"学习，在"四史"的大背景下来思考校史中的人与事，这样教育效果更好。比如1911年建校，这时辛亥革命爆发，当时中国的有识之士正在探寻救国图存的道路，而在江南的无锡，有识之士也在探寻教育救国之路，以此引申出办学的转型，把一个地方与整个国家民族的命运相结合，更有说服力。

第三部分
国家课程教学

第一讲　传续江南文脉　彰显文化自信

一、教学目标

1. 通过分享学生的"品读江南"诗词和观看视频,感悟江南文化之美,并理解传统文化的基本形式。
2. 通过探讨江南文化的特质,理解传统文化的特点和作用。
3. 通过对无锡文化发展现状的深入思考,理解文化创新的多种途径。
4. 通过了解江南文化走出去的历史,树立学生对本土文化的自信。

二、教学重难点

1. 理解传统文化的形式、特点和作用。
2. 自觉运用"文化创新"的相关要求分析社会中的现象。
3. 在感悟江南文化之美、体会江南文化之魂的过程中生成文化自信。

三、教学过程

1. 课前播放暖场歌曲《水乡》。

2. 课堂导入:"品读江南"原创诗词分享。

刚刚这首歌曲叫作《水乡》,青花白底油纸伞,多少柔情落江南,唱尽了江南之美,而江南之美,不仅美在音乐里,还美在诗词里。这个四月,我校开展了"品读江南"系列读书暨创作活动,我班有两首原创诗词吸引了很多的关注,下面我们有请原作者跟大家一起分享下他们笔下的江南。

作品一:临江仙·江南

山色迢迢萦黛绿,轻烟淡雾朦胧。兰舟漫向翠微峰,幽悠细雨,点落软金丛。

湖面波光微欲静,且催逝水匆匆。芙蓉临岸酒临风,年年别梦,双桨武陵中。

作品二:天净沙·晚膳

蒸鱼酱骨咸鸭,芋头棱角春芽,豆脑油酥糖画,青砖黛瓦,难得团聚人家。

3. 第一篇:感悟江南文化之美

白居易写江南,说:"江南好,风景旧曾谙,日出江花红胜火,春来江水绿如蓝。"江南之美,在文人墨客的诗词里,在淡烟细柳的画卷中,在青砖白瓦的民居中,在绵延不绝的运河流水中,她的美,不仅是风景,更是历史。

江南文化起源于泰伯奔吴,商朝晚期,至今已有3000余年,在不同的历史时期有了不同的发展,但从未中断,像这样在长期的历史发展中形成并保留在现实生活中的文化,我们称之为传统文化。下面,我们一起通过一个短片,来看看在江南文化中,你看到了哪些种类的传统文化形式?

总结:在传统习俗、传统建筑、传统文艺、传统思想等形式

中，传统文化体现出来一个鲜明的特点——继承性。（板书）

4. 第二篇：继承江南文化之魂

通过第一个单元的学习，我们都知道人们在社会实践中既创造文化，也享用文化，江南以其富饶的物产、丰厚的人文底蕴，哺育了一代代江南人，也让这一片水土，形成了她独特的文化内涵。有道是，观乎人文，以文化人，以文化天下，让我们一起来解读，江南文化如何影响了这一方水土，和生活在其中的人们。

首先要界定一下地理概念上的"江南"（展示地图），并思考问题：

（1）江南文化有哪些独特的特点？（2）赋予了江南人哪些特有的精神品质？

同学讨论分享（略）

教师总结：历史悠久、人杰地灵、婉约柔美、诗意江南、温文尔雅、崇文重教、才华横溢、开放包容、开拓争先等。

围绕这些精神，请同学们继续思考如下问题：

（1）江南文化的精神特质在历史发展过程中的有没有发生变化？

（2）这些文化品质对民族的生存与发展起到什么作用？

（3）中华文化中，除了江南文化，你还知道哪些独特的地域文化？

同学讨论分享（略）

教师总结：

（1）从纵向的历史发展脉络去看，有一些特质是始终不变的，如崇文重教、温文尔雅，而有些具体内涵又会因时而变，如自由精神，在魏晋时期，表现为放浪形骸、任性洒脱、特立独行，在近代革命史上，则表现为坚守信仰、百折不挠、民族大义，因而也产生了江南文化历史上一股独特的"红色文脉"，这是传统文化"相对稳定性"的体现。

（2）当我们脱口而出江南人独有的精神品质时，也说明这些品质已渗入我们的文化血脉中，成为我们江南人，甚至中国人独特而鲜明的民族特色、民族风格、民族气派，成为维系民族生存与发展的精神纽带，即"鲜明的民族性"。

（3）除了江南文化，我们的中华文化还有许多地域特征鲜明的文化，如滇黔文化、齐鲁文化、荆楚文化，从这个角度去理解，我们可以感受到中华文化的源远流长、博大精深。

以上，是我们透过江南文化理解了中华文化的特点。

由此，我们正确对待传统文化一个基础性的态度是——批判继承，古为今用。

另一方面，社会在不断发展，传统文化也不能一成不变，而要不断推陈出新，革故鼎新。

5. 第三篇：打造江南文化之新

"江南好，真个到梁溪！"纳兰性德用最简约的诗句，道出无锡在江南、在江南文脉中的地位。有学者这样评价无锡——这是一片充满灵性的土地：古往今来，吴文化、工商文化、运河文化，在历史每个节点熠熠生辉，这是一片文脉绵长的土地：一首《悯农》传唱千年，一副东林书院名联扬名天下，一曲《二泉映月》成为民乐绝响。这也是一片诗意盎然的土地：诗香、墨香、书香绵延不绝，传承至今。

文化资源越丰富，文化创新的要求就越迫切，我们班的同学选出了几项代表性的文化资源，对它们发展的现状进行了简单的调查，为它们的发展与创新提出了一些思考和建议。下面请同学们来把自己的思考作一个简单汇报。

学生分享（略）。

以上同学们的思考，我们可以大致作一个总结：

发展近代工商业文化，需要立足社会实践。

发展祠堂文化，我们要坚守中华文化立场。

传承古运河文化，利用现代信息技术、大众传媒等手段。

传承饮食文化，我们要发展文化产业，推动文化与经济相互交融。

保护名人故居，需要文化企业、文化消费者、文化管理者共同努力。

发展佛教文化，要推动中外文化交流、传播，推动中华文化"走出去"。

尤其是推动中华文化"走出去"，在今天世界格局发生变化、经济全球化、世界多极化深入发展的背景下，更多、更广的文化交流是必然趋势。正如习近平总书记所说："文化因交流而多彩，文明因互鉴而丰富。"

6. 第四篇：传播江南文化之远

其实江南文化很早就开启了"走出去"的步伐，甚至在世界上掀起过一股江南文化热，成为中国在世界舞台上一张亮丽的文化名片。（播放短片《江南文化走出去》）

走出去的江南文化，在世界上掀起了一股江南文化的高潮，也让我们对自己的文化更添自豪感，这就是一种由衷的文化自信。纵观今天这堂课，江南文脉是体，文化自信是魂。这个魂，来自哪里呢？

来自对3000年江南文明、5000年中华文明的传承，来自对特有文化品质、精神标识的认同，来自文化创造性转化、创新性发展的当代价值，来自走向世界文化舞台的亮丽身影。

"周虽旧邦，其命维新"，中国，这个古老又崭新的国度，必将为世界文明的发展贡献自己的智慧！

四、教学反思

本课以江南文脉为主题,通过感悟江南文化之美、继承江南文化之魂、打造江南文化之新、传播江南文化之远四个篇章的设置,旨在增强学生对本土文化的认同感,提升根植于本乡本土的文化自信,为江南文脉的传承与延续、发展与创新作一些贡献。在教学方式上,本课采用了主题式教学,打破了传统的课堂壁垒,有助于形成围绕某个主题的知识体系,使课堂的结构得以不断优化。经过课堂实践,发现在微议题的嵌入、学生小组式互助学习与集体授课的有机结合等方面还需要更深入的思考和有效改进。

第二讲 让锡剧"火"起来

——文化创新靠什么

一、教学目标

1. 通过展示介绍锡剧作品《青蛇》,感悟锡剧文化之美,体会优秀传统文化的魅力和影响力。

2. 通过感受锡剧文化在生活中的创新与发展,领会对中国优秀传统文化进行创造性转化、创新性发展的重要意义,增强文化认同,提升文化自信。

3. 在创设探究议题"文化创新靠什么"的同时,以让锡剧"火"起来作为主要情境,引导学生探究学习文化创新的基本途径和根本途径,形成对当代文化与传统文化、民族文化与外来文化的关系的正确认识,增强科学精神。

4. 通过小组合作设计创意产品,激发学生学习探究的兴趣,增强社会实践能力,调动学生参与到我国文化的创新发展中,增强主人翁意识,培养公共参与能力。

二、教学重难点

1. 重点:文化创新的基本途径和根本途径。
2. 难点:践行文化创新。

三、教学手段

案例教学法、情境教学法、讨论法。

四、教学过程

【课前准备】

将学生划分为6个小组。提前准备好白纸、彩笔。

【新课导入】

教师： 2019年9月22日#无锡有戏#喜提微博热搜，让很多无锡籍网民十分激动。无锡有戏，同学们知道无锡有什么戏吗？

学生： 锡剧。

教师： 锡剧是无锡的国家级非物质文化遗产，也是无锡的文化名片。锡剧曲调优雅抒情，生活气息浓厚，别具江南水乡风韵，是江南文化宝库中的珍贵财富。同学们听过锡剧吗？了解过锡剧吗？

学生： 不了解／没听过／不太熟悉。

教师： 是的。生活中很多人都不怎么听锡剧，锡剧变得越发小众的原因是什么？

学生： 结合生活体验，思考并分享。

教师：（总结同学们的发言）通过同学们的发言，我们可以看出锡剧的发展遇到一定的困境，那么锡剧如何摆脱困境，实现传承与发展？

学生： 思考分析。

教师：（总结同学们的发言）想要锡剧"火"起来，创新不可或缺。文化发展的实质就是文化创新。今天我们这节课以"让锡剧'火'起来——文化创新靠什么"为议题，探索文化创新的途径。

设计意图： 通过微博热点作为导入文化创新内容的学习，做到了贴近学生生活的同时，也能够激发学生的好奇心。以无锡锡剧为例创设课堂探究情境，调动起学生们学习的兴趣，实现了在学习知识点的同时，增强学生对本土文化的了解，增强文化认同和文化自信。

【新课教授】

（一）感受锡剧之韵美

教师： 无锡锡剧发展历史悠久，具有秀丽的江南水乡风格。接下来我们来欣赏《青蛇传》选段。

教师： 请同学们分享你感受到锡剧的美是什么。

学生： 分享感受。

教师： 无锡锡剧之美，美在曲调韵律，美在精致戏服，美在吴侬软语，美在优美的身段，美在细腻的动作。江阴实验小学将这曲调韵律、优美的身段、细腻的手法，融入广播体操，诞生了一套非常火的锡剧韵律操。

PPT展示图片以及创作者分享的材料。

音乐老师张翼说："通过钻研锡剧角色行当的经典身段，我们选取了适合每节操的身段动作。比如第六节腿部运动，就将锡剧中'马鞭'的动作融合进去。我们还根据男女性别做了改动。女生翘兰花指，男生推虎口掌，收尾时则沿用锡剧中男女角色的不同谢幕姿态。除了动作之外，我们还专门进行了编曲。将锡剧中常用的老簧调、大陆调、玲玲调等整合进行编曲。发现入场的时候如果还用原来的入场曲，整体就显得不协调，我们就改用了锣鼓经《急急令》。行进节奏更快，也更符合小学生的走路频率。"

教师： 这套锡剧韵律操火的原因是什么？

学生： 阅读材料，提取有效信息，分析原因。

教师： 总结学生回答。锡剧韵律操将锡剧中的经典进行了时尚的表达，是"继承传统，推陈出新"的过程。（板书：文化创新的基本途径——推陈出新,革故鼎新)文化创新不能离开传统文化,空谈文化创新。中华优秀传统文化积淀着中华民族最深沉的精神追求,是中华民族生生不息、发展壮大的丰厚滋养。不忘本来,才能开辟未来,善于继承,才能更好地创新。一个民族和国家如果漠视对传统文化的批判性继承,就会失去文化创新的根基。文化创新的过程中要处理好当代文化与传统文化的关系,克服历史虚无主义和守旧主义。

设计意图: 通过视频赏析,感受锡剧之美,增强对优秀传统文化的认知。分析文字资料,提取有效信息,探讨文化创新的基本途径——推陈出新,革故鼎新。

(二)聚焦锡剧之变化

教师: 刚刚大家看了一版《青蛇》,现在我们再来欣赏另一版《青蛇》。播放改编版《青蛇》。

教师: 看完这两版,你有什么不同的感受?

学生: 对比分析,分享感受。

教师: 是的。第二个版本的《青蛇》更具舞台表演力,场景布置更加鲜活。

PPT 展示资料。

锡剧音乐剧版本的《青蛇》,将锡剧与歌舞、魔术等相嫁接。借鉴了西方表现主义的舞台设计,融入科学技术,创造出逼真的舞台效果,让观众更有代入感。

教师: 锡剧音乐剧《青蛇》受众人追捧,这对文化创新有什么启示?

学生: 阅读材料,提取有效信息,分析探索。

教师: 总结归纳学生回答。文化创新的另一基本途径——面向世界,博采众长。(板书:文化创新的基本途径——面向世界,博

采众长）

教师：当今世界是多元开放交流的世界。自"一带一路"提出以来，"一带一路"日益成为文化交流传播之路。美人之美，美美与共。人类历史就是一幅不同文明交流、互鉴、融合的宏伟画卷。我们要积极借着"一带一路"的助力，推动无锡的文化交流，让锡剧走向世界。那么，你们觉得把锡剧唱词改成其他民族的语言，比如英语、韩语等，怎么样？

学生交流讨论。

教师：在面向世界博采众长的过程中，要始终处理好民族文化和外来文化的关系。一方面，我们要克服封闭主义，可以积极吸收外国文化的有益成果推广锡剧。另一方面，要克服民族虚无主义，不管借鉴的程度是多少，吸收的成分是什么，锡剧永远都是我们无锡文化的名片，是江南文化的宝贵资源，要保持我们无锡的特色，要让锡剧姓"锡"。因此，在学习借鉴其他民族优秀文化成果时，要以为我主，为我所用。只有保持文化的民族特色，文化才能永葆生命力、提升竞争力。

设计意图：通过对比两版《青蛇》舞台效果的不同，感受文化借鉴、交流与创新，引导学生探究文化创新的另一个重要途径——面向世界，博采众长。

（三）振兴锡剧之未来

教师：民族文化的发展需要一代又一代人的继承与发展，锡剧的发展亦是如此。振兴锡剧，要后继有人，可以从娃娃抓起。我们来看江阴一些学校的做法。

PPT 展示资料：江阴在学校开办"小锡班"，涌现了许多锡剧小童星，20多所学校的锡剧班带动全江阴市的小学生，不同程度地受到传统文化的熏陶。

南闸中心小学是第一个"吃螃蟹"的。2010年9月25日，江苏省锡剧团少儿学员在南闸中心小学正式开班，经过近7年的努力和探索，南闸中心小学"小锡班"成果喜人，小学员们承担起锡剧展示、传播小使者的重任，9次跃上央视荧屏，并在街道送戏进城、下乡活动中多次展示，成为南闸文化发展的一张亮丽名片。

教师： 看到的是光荣，看不到的是这背后长久的坚持和不懈的探索。在一开始，"小锡班"的开办与探索也不是一帆风顺的。遇到家长的反对、学校推广难度大等问题。最大的挑战是小学生们因为年龄小，对锡剧里的唱词很难理解，唱不出其韵味。但这没有难倒来自省锡剧团的韩卫忠老师。他将把《珍珠塔》选段《荣归》的唱词改编成了南闸版《美丽校园》，唱词变成了学生熟悉的校园生活，"南闸小学，环境美；改革发展，大变样……"接受采访时韩老师说："在南闸中心小学的三个月时间，我对学校有了比较系统的了解，再联想到锡剧教学需要创新，校园内唱锡剧的都是学生，我就萌生了把唱词改编成描写校园生活的想法。"

教师： 韩卫忠老师在锡剧教学上的创新有什么值得借鉴之处？

学生： 阅读材料，提取有效信息，分析理解。

教师： 总结学生回答。文化创新还要紧贴生活，立足于社会实践。通过上节课的学习，对于社会实践是文化创新的源泉和动力也有了深刻理解。文化创新的根本途径就是立足社会实践。人民群众是社会实践的主体，也是文化创造的主体。

设计意图： 引导学生思考韩卫忠老师在锡剧教学上的创新，理解社会实践是文化创新的根本途径。

（四）点燃锡剧之创意

教师： 锡剧的创新发展不仅要靠锡剧演员的演绎推广、"小锡班"学生勤学苦练，更需要我们每一个无锡人的参与。今天我们学习了文化创新途径的知识内容，下面就让我们进入"点燃锡剧之创意"的环节。请同学们以小组为单位，结合本节课所学内容，设计有关锡剧的文创意产品。设计时间5分钟，展示时间每组1分钟。

学生：选代表上台介绍本组设计成果。

教师：组织全班评选最佳创意文创产品。请获胜小组分享本组的创作过程。

学生：分小组上台展示分享。

教师：同学们，通过此次活动，我们也参与到了文化创新的过程中，将文化创新的途径运用到实际当中。作为青年学生，我们还能为文化创新做哪些准备？

学生：分享。

教师：作为中学生，我们要积极培养文化创新的能力。首先要了解我们的民族文化，增强对传统文化的认同感；其次要尊重其他民族的文化，在借鉴交流的过程中实现文化创新；最后，要做社会实践的参与者，关注人民群众的根本利益和需求，立足科技发展，锐意创新。作为青年学生，我们应不断增强文化自信，努力推动中国特色社会主义文化的繁荣发展，提高国家文化软实力，建设文化强国。正如习近平总书记曾指出："一个国家，一个民族的强盛，总是以文化兴盛为支撑的，中华民族伟大复兴需要以中华文化发展繁荣作为条件。"

设计意图：通过设计锡剧文创产品的活动，让学生们体会到文化创新的乐趣，激发学生们进行文化创新的热情。通过提问"我们还能为文化创新做哪些准备？"旨在引导学生进行更深层次的思考，培养参与中华文化繁荣发展的意识，增强文化认同和文化自信。

五、教学反思

　　本节课用锡剧作为主线串联整节课的教学，以"让锡剧'火'起来——文化创新靠什么"为议题，通过设置感受锡剧之韵美、聚焦锡剧之变化、振兴锡剧之未来和点燃锡剧之创意四个环节，层层递进引导学生在一步步的思考中探索文化创新的途径，实现重难点的突破。在整节课的教学中，一直注重学科核心素养的培养，在保护传统文化，在保护本地文化的过程中增强文化自觉，坚定文化自信。这节课的不足主要是每个环节缺少可讨论性的子议题，学生讨论的积极性还没有完全调动起来。

第三讲　传统文化的继承

一、教学目标

1. 通过锡剧的微博热点，感悟锡剧文化发展的困境，思考传统文化的发展。
2. 观看视频的过程中，体会传统文化丰富多彩的形式。
3. 在辩论中，引导学生深入探究对待传统文化的态度，正确认识传统文化既有糟粕又有精华。
4. 通过建言献策感受无锡传统文化创新与发展的必要性，增强文化认同，提升文化自信；在建言献策的过程中，激发学生的兴趣，加强社会实践能力，提升主人翁意识。

二、教学重难点

1. 重点：传统文化的特点。
2. 难点：对待传统文化的正确态度。

三、教学手段

案例教学法、情境教学法、讨论法。

四、教学过程

【新课导入】

教师： 2019年9月22日#无锡有戏#喜提微博热搜，让很多无锡籍网民十分激动。无锡有戏，同学们知道无锡有什么戏吗？

学生： ……

教师： 是锡剧。你们听过锡剧吗？会唱锡剧吗？

学生： 不会。

教师： 是的。锡剧似乎离我们的生活越来越远，变得越发小众了。锡剧的现状折射出当下传统文化发展的困境。今天我们就从无锡的传统文化出发，来学习本节课的知识，并为无锡传统文化的发展建言献策。

设计意图： 通过微博热点作为导入文化创新内容的学习，做到了贴近学生生活的同时也能够激发学生的好奇心。借锡剧发展的困境，呈现传统文化发展的困境。

【新课教授】
【探究一】传统文化的形式

教师： 锡剧是国家级非物质文化遗产，也是无锡的文化名片，更是江南文化宝库中的珍贵财富。同学们知道锡剧起源于什么时候，有多少年历史吗？

学生： ……

教师： 锡剧起源于清朝。锡剧中有吴侬软语，锡剧的曲调优雅抒情，别具江南水乡风韵。锡剧从过去保留至今，并不断发展，且带有鲜明的民族特色。从这里看出，锡剧作为传统文化，在长期历史发展中形成并保留在现实生活中，具有相对稳定的文化。这就是传统文化的含义。（板书：传统文化的含义）

教师： 锡剧作为传统文艺，是传统文化的典型的表现形式。除此之外，传统文化还有哪些独特的表现形式？我们一起在《惠山古镇》的视屏中寻找。

学生： 建筑、书法、惠山泥人……

教师： 建筑是凝固的艺术，影响着人们的审美。很多当代建筑中都体现了对传统建筑的继承。书法也是传统文艺的继承，我们班也有很多练习书法的同学。除此之外还有什么吗？想想惠山古镇什么景点比较多。

学生： 祠堂。

教师： 惠山古镇有118座古祠堂群。祠堂是中国特有的文化建筑。祠堂是祭拜神灵、祖先和先贤的场所。有神祠、先贤祠、墓祠以及忠孝节义祠。忠孝节义凝聚的是传统的伦理道德。这些伦理道德对我们今天还有没有影响？

学生： 忠于国家，我和我的祖国不能分割；百善孝为先，现代社会仍然强调要孝顺父母；节，现代人也讲究凡事要有节制，不可过度。比如在消费上要量入为出，适度消费。义，社会要讲求公平正义。

教师： 忠义节孝的伦理道德传承至今，这是什么方面的继承？

学生： 传统思想的继承。

教师： 去过惠山古镇游玩的同学也会发现，惠山古镇中有很多茶馆。无锡人有喝早茶的习惯。无锡的早茶习俗与别的地方也有不同，无锡人喝茶讲究的不是茶，是喝。不在乎茶的好坏，自己拎一些家什，比如自己的铜壶、茶杯、瓜子花生等零食。一边喝，一边嗑，一边扯老空。那么，这是什么方面的继承？

学生： 传统习俗的继承。

教师： 同学们说得很好。从曲径通幽的庭院中，我们感受到传统建筑的风情；从吴侬软语的锡剧中，从风格迥异的书画中，我们惊叹传统文艺的灿烂辉煌;从无锡人喝早茶的寻常生活中探寻到传统习俗的继承;从忠孝节义的深远影响中,感受到传统思想的继承。这一切在无锡的发展,让我们感受到无锡文化的底蕴深厚和历史悠久。传统习俗、传统建筑、传统文艺和传统思想是传统文化的特有形式。(板书)

教师: 正是由于传统习俗、传统建筑、传统文艺和传统思想的继承,我们的中华文化才一脉相承,源远流长。

设计意图: 通过视频赏析,感受无锡的传统文化,增强学生对无锡优秀传统文化的认知。引导学生总结归纳传统文化的形式。

【探究二】传统文化的特点

教师: 在知乎上有一篇文章说,"因为看了钱穆的书,最近开始想了解无锡文化。但是网上好多人都说无锡没什么文化氛围。很多人说无锡是文化沙漠"。无锡是文化沙漠吗?你赞同网友的观点吗?为什么?

学生: ……无锡有刻纸、无锡刺绣、紫砂壶,有二泉映月、寄畅园、惠山泥人、锡剧等;在绘画上从古代的顾恺之、倪瓒、王绂到现代的徐悲鸿、吴冠中……

教师: 大家提到的这些都是非常"无锡"的东西。是无锡人民在长期共同生活过程中创造的,具有鲜明的特色。单说我们的园林,无论从风格、气派上都和西方的园林迥然不同。为什么会存在这样的文化差异?

学生: 因为各个民族不同的经济、政治的状况和历史、地理等因素的影响。

教师: 是的,文化在交流中传播、发展,这样的交流使得无锡文化日益多元,却依然特色鲜明,无论是过去、现在还是未来。从无锡文化的独特风格里,我们能够感受到传统文化具有鲜明的民

族性，这是维系民族生存和发展的精神纽带。（板书：传统文化的特点）

教师：说到当今无锡文化依然保持着鲜明的民族特色，那无锡文化在此过程中是一成不变的吗？

学生：不是，是有所发展的。

教师：同学们能举例子说明吗？

学生：……

教师：老师提醒大家，在看视频《惠山古镇》时介绍了很多祠堂。其中有一类就是忠义节孝祠类。说到"孝"文化，古代的"孝"和今天的"孝"是完全相同的吗？

学生：不是，古人的"孝"强调的是对父母的命令绝对服从，要克制自己的想法。现代社会的"孝"强调的是对父母的尊重与爱，强调对父母要履行赡养的义务。

教师：那有共同点吗？

学生：共同点都是为了家庭和睦，强调对父母要爱和尊重。

教师：古代的"孝"强调绝对的服从，子女缺乏独立人格，这不符合现代社会的发展。随着时代的进步，"孝"文化的内涵有所丰富和发展。在保留古人对父母敬重和爱的基础上，将古代的"愚孝"上升为人格平等前提下的孝顺。这体现我们的传统文化具有什么样的特点？

学生：传统文化在世代相传中保留着其基本特征，同时，它的具体内涵又能够因时而变。

教师：概括起来就是传统文化具有相对稳定性。（板书：传统文化的特点）

设计意图：通过反驳"无锡是文化沙漠"，不仅增强学生们对于无锡文化的认同，还能呈现学生对无锡文化的了解程度。引导学生探究传统文化的特征。

【探究三】对传统文化的态度

教师： 这样看来，网友认为无锡是文化沙漠，是因为他没来无锡好好看看。我们作为无锡人，欢迎全国人民以及整个世界都来看看。无锡不是文化沙漠，反而是文化宝库。无锡文化底蕴深厚，特色鲜明，是宝贵的精神家园。文化的力量还能转变为巨大的物质财富，推动无锡的经济发展。所以，有人说传统文化是财富。但也有人说，传统文化因循守旧，禁锢人的思想，不利于社会创新发展，不是财富是包袱。

教师： 传统文化是包袱还是财富呢？我们来一场辩论。正方：传统文化是财富。反方：传统文化是包袱。

学生辩论。

教师： 同学们的辩论十分精彩，在唇枪舌剑中碰撞思辨智慧。传统文化是包袱还是财富，我们无法直接给出结论。正如大家在辩论中也提到传统文化有精华也有糟粕。如果囿于糟粕之中，阻碍社会进步，那就是包袱；如果取其精华，发展创新，那就是财富。传统文化是包袱还是财富？这就要求我们要有对待传统文化的正确态度。即取其精华，弃其糟粕。（板书）

设计意图： 通过辩论的形式，帮助学生们在思维碰撞中正确认识传统文化，树立正确的态度：取其精华，去其糟粕。

【探究四】弘扬传统文化

教师： 近年来，无锡作为历史文化名城，已形成了以清名桥、惠山、荣巷、小娄巷和荡口古镇等五大历史文化街区为代表的城镇聚落，独具江南特色。"太湖明珠，江南盛地"，无锡形象日益深入人心。无锡要积极构筑文化发展新优势，满足人民群众新期待，离不开对传统文化的继承与发展。请同学们为保护无锡传统文化，助力文化新发展建言献策。

学生讨论交流，汇总小组建议，课上展示分享。

教师： 大家的建议都非常好，让我看到了年轻的无锡人，作为无锡文化传承者的责任与担当。文化是一个国家、一个民族的精神家园。中华优秀传统文化是中华5000年文明的结晶，是中华民族独特的标识。中华民族之所以为中华民族，就是因为中华优秀传统文化是中华民族的"根"与"魂"。如果丢掉了传统文化，就割断了精神命脉。我们要将传承和弘扬中华优秀传统文化与涵养社会主义核心价值观、建设中国特色社会主义精神文明有机统一、紧密结合，不断铸就中华文化新辉煌。

设计意图： 通过活动的形式将本节课所学内容运用到实际生活当中，在实现知行合一中，培养学生的核心素养。

五、教学反思

本节课从微博热点导入调动了同学们学习的积极性，活跃了课堂氛围。将辩论的形式融入课堂教学，提高学生课堂的参与度，丰富了课堂的形式。本课聚焦无锡传统文化，从剖析发展困境到辨明对传统文化的态度再到提出建议，引导学生围绕"传统文化"深入探索，在知识学习的同时落实到行动参与中。本节课在知识点的突破上稍显薄弱，需要进一步提升和完善。

第四讲　世界文化的多样性

一、教学目标

1. 通过赏析不同民族文化的精粹，帮助学生了解民族节日和文化遗产的意义和价值。
2. 通过展现不同国家和民族文化的差异，让学生理解文化既是民族的，又是世界的，科学认识不同文化在多元文化交流中的地位和价值。
3. 在理解和认同文化多样性的价值的基础上，树立尊重不同民族文化的观念。
4. 认同正确对待文化多样性的意义、态度和原则，树立个人在多元文化交流中的责任和担当。

二、教学重难点

1. 文化既是民族的，又是世界的（文化是共性和个性的统一）。
2. 坚守本民族文化在文化交流中的地位和价值。
3. 正确对待文化多样性的态度和原则。

三、教学方法

主题情境探究式教学，议题式教学。

四、教学过程

文化大家谈：你认为什么是文化？你能列举一些典型的文化现象或者参与过的文化活动吗？

学生回答略。

教师总结文化的内涵和形式。

展示：不同国家和民族的异彩纷呈、交相辉映的文化精粹，以及不同文化体现的民族差异。

探讨：为什么从 2007 年开始，国家将端午节定为法定假日？端午节有哪些民族文化活动和现象？西方圣诞节又是为了纪念谁的诞生？

学生讨论、教师总结略。

（一）异彩纷呈　交相辉映

1. 世界上每个民族、每个国家都有自己独特的文化。独特的民族文化是区别不同民族的独特标识。

2. 民族节日，蕴含着民族生活中的风土人情、宗教信仰和道德伦理等文化因素，是一个民族历史文化的长期积淀。庆祝民族节日，是民族文化的集中展示。

学生阅读教材，了解世界遗产的内容和中国丰富的世界文化遗产。

展示：中国世界文化遗产名录（节选）。

探讨：你看到中国这些丰富的文化遗产有怎样的感受？为什么

阿富汗"塔利班"炸毁巴米扬大佛雕像（文化遗产）的举动会遭到世界各国和联合国的坚决反对和同声谴责？

学生讨论、教师总结略。

3. 文化遗产是一个国家和民族历史文化成就的重要标志。不仅对于研究人类文明的演进具有重要意义，而且对于展现世界文化的多样性具有独特作用，它们是人类共同的文化财富。

主题情境探究：鼓浪屿文化给我们的文化启示。

视频展示：鼓浪屿的文化特色和演进历程。

探因：鼓浪屿怎样的文化特色使它成为世界文化遗产？

学生回答、教师总结略。

（二）透视文化多样性

1. 文化多样性是人类社会的基本特征，是人类文明进步的重要动力。

透视：在鼓浪屿，不同的宗教能够"各信其主，各传其道"，和谐共生，东西方建筑甚至语言能够相互融合说明了什么？

学生讨论回答、教师总结略。

2. 世界文化与各民族文化的关系

（1）个性：各民族间经济的和政治的、历史的和地理的等多种因素的不同，决定了各民族文化之间存在着差异。

（2）共性：由于世界各民族的社会实践有其共性，有普遍的规律，在实践中产生和发展的不同民族文化也有共性和普遍规律。

（3）关系：文化是民族的，各民族都有自己的文化个性和特征；文化又是世界的，各民族文化都是世界文化中不可缺少的色彩。世界文化与各民族文化是共性与个性的关系。

追思：鼓浪屿本土民族文化与外来文化的碰撞为什么促成二者的共同繁荣？

学生讨论回答、教师总结略。

(三) 尊重文化多样性

1. 对待文化多样性的正确态度

正确态度：既要认同本民族文化，又要尊重其他民族文化，相互借鉴，求同存异，尊重世界文化多样性，共同促进人类文明繁荣进步。

2. 尊重文化多样性的意义

(1) 尊重文化多样性是发展本民族文化的内在要求。

(2) 尊重文化多样性是实现世界文化繁荣的必然要求。

议题思辨：鼓浪屿文化的发展繁荣是本民族文化与外来文化相互借鉴融合的结果，你觉得其中哪一种文化的地位和作用更重要？

学生讨论、辩论略。

教师总结略。

① 民族文化起着维系社会生活、维持社会稳定的重要作用，是本民族生存与发展的精神根基。

② 尊重文化多样性，首先要尊重自己的文化，培育好、发展好本民族文化。

参与性议题讨论：你是否赞同抵制NBA火箭队？对"莫雷事件"我们应该怎么看？

3. 对待文化多样性的原则：各民族文化一律平等的原则

在文化交流中，要尊重差异，理解个性，和睦相处，共同促进世界文化的繁荣。

板书设计

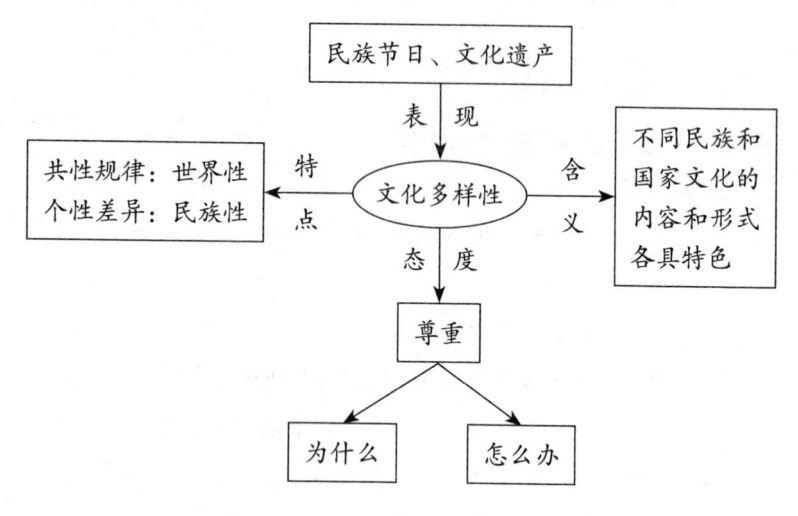

```
                    ┌──────────────────┐
                    │ 民族节日、文化遗产 │
                    └──────────────────┘
                            │
                          表 现
                            │
┌──────────────────┐        ▼         ┌──────────────────┐
│ 共性规律：世界性 │◄─特点─ 文化多样性 ─含义─►│ 不同民族和国家文化的│
│ 个性差异：民族性 │                  │ 内容和形式各具特色 │
└──────────────────┘                  └──────────────────┘
                          态 度
                            │
                            ▼
                         ┌──────┐
                         │ 尊重 │
                         └──────┘
                          ╱    ╲
                         ▼      ▼
                    ┌──────┐ ┌──────┐
                    │为什么│ │怎么办│
                    └──────┘ └──────┘
```

四、教学反思

新课标指出："要构建以培育思想政治学科核心素养为主导的活动型学科课程。"思想政治课学科核心素养是学科知识、学习过程与方法以及情感、态度价值观的综合体现。核心素养目标下教学议题的设置和选取，要避免重知识学习，轻价值引领的倾向。只有既体现和落实教学重点、难点，又凸显社会主义核心价值观引领作用的教学问题，才能成为整合知识、蕴涵能力和引领素养的可议之题。

本节课围绕"鼓浪屿申遗成功的文化生活启示"的议题，设置了"鼓浪屿具有怎样突出的文化特点，使它能够申遗成功？""为什么鼓浪屿上不同的宗教能够各传其道？不同建筑能够东西合璧？不同语言又能够相互融合？""为什么在鼓浪屿，东西文化的碰撞没有造成文化的冲突、征服和消亡，反而促成了不同文化的共同繁荣？"以及"鼓浪屿文化的发展与繁荣，本民族文化与外来文化，到底哪一种文化的作用更重要?"等系列议题,在帮助学生通过层层递进的思考、探究,解决知识困惑的同时,聚焦引领学生用科学精神去辨析鼓浪屿外来文化和本地文化,在文化融合发展中的不同地位和作用。在直面历史和现实生活中人们对待文化多样性的不同观点的基础上,反思我国政府文化开放和文化交流的方针政策,以及公民个人在国与国文化交流的实践中应该秉持的正确态度。从而真正树立起坚定的文化自信,以及在尊重和发展好本民族文化的基础上,与其他民族文化和睦相处、求同存异、共同促进人类文明进步的正确价值观。

第五讲　文化传承中的无锡精神探寻

——"当代文化参与"任务群学习结题报告交流

一、教学目标

通过"当代文化参与"任务群学习，对无锡文化名胜的实地考察，研究无锡文化特征，探寻无锡文化传承，感悟无锡城市精神。通过在语文学习中拓宽文化视野，增强文化自觉，加强对"文化传承与理解"这一语文核心素养的培养，从而弘扬优秀传统文化，提升文化自信。

二、教学重难点

1. 教师引导学生自主组成学习小组，搜集学习资料，自定学习主题，并围绕学习主题进行专题研究，最后完成个人研究记录。（为期三个月）

2. 学生以小组为单位完成小组专题报告，并作班级主题交流。

3. 教师对学生报告进行有机整合，并引导学生深入思考无锡精神传统的现代价值。

三、教学过程

（一）导入

同学们，如果从教室的窗口眺望锡山，最先映入你眼帘的是什么？我想有一个答案是龙光塔。龙光塔是最近刚刚重修完毕的。还记得塔身是什么颜色吗？是一种奇特的赭红色。为什么要涂这种颜色呢？（生答）还知道龙光塔在老无锡人嘴中还有一个名字叫什么吗？（状元塔）为什么叫状元塔呢？（生答）

你们看，如果不走近历史，历史对于我们只是书本上的概念、地图上的符号。历史遥远吗？并不，它一直照射着当下；传统抽象吗？并不，它只需要我们用脚步丈量。这就是当代文化参与，这就是我们这个课题"文化传承中的无锡精神探寻"的用意所在。触摸历史的细节，给我们的感觉才是鲜活的，有温度的。

下面，让我们跟随高一（12）班同学的脚步来看看他们触摸历史、丈量传统的研究成果。

（二）各探究小组（三组）组长展示研究成果（PPT），并作总结报告

第一组：泰伯奔吴（至德——礼让、启智）

第二组：锡惠诗歌（精神土壤、诗意源泉）

第三组：教育教化（望族家训、祠堂文化、书院文化：家国天下）

学生报告发言稿

第一组（泰伯奔吴）：我们小组研究无锡的历史文化起源，9月底，我们寻访了蠡园、阖闾古城遗迹、梁鸿湿地公园等，这是我

们拍摄的活动照片。最后我们把目光聚焦到泰伯这个伟大人物的身上。无奈梅村泰伯庙进入为期一年的封闭维修期，所以我们小组的研究只能依靠各种间接资料来辅助。11月初课题中期交流，我们为大家展示了部分研究内容，介绍了《史记·吴太伯世家》中对泰伯的记载，分享了古今历史文化名人对泰伯的高度评价。今天我们将对我们的研究进行总结。

周太王欲将王位传于幼子季历，认为他更有治国之才。然而为王位"传长不传幼"的礼制所束缚，深明大义的长子泰伯与次子仲雍主动离开周地，带领百余名族人来到太湖湖畔，落脚于今天的无锡梅里，与原住民共同生活。泰伯带来的中原文化浸润了东海之滨，孕育了全新的"吴文化"。

对于泰伯奔吴，《论语·泰伯》中孔子是这样评价的："泰伯，其可谓至德也已矣，三以天下让，民无得而称焉。"至德即为最高的道德。

为什么泰伯奔吴让孔子褒奖为"至德"？为什么司马迁更将其列为《史记》三十世家之首？这是我们小组探究的核心问题，在这里我想先听听同学们是如何理解的。（同学回答）我来总结一下：泰伯奔吴，不仅体现了礼让天下的美德，更在于他开启了民智，促使吴地文明以前所未有的速度一路发展、赶超。这才是我们理解的真正意义上的"至德"，泰伯的至德泽被后世，源远流长！

这是我们小组的研究成果汇报，谢谢大家。

第二组（锡惠诗歌）：上一组同学阐述了泰伯的至德，追溯了无锡文脉的起源。而惠山脚下是无锡文脉的汇聚之地，风光秀丽的惠山与二泉，作为无锡的一张名片，在唐宋时期便吸引了许多诗人在此驻足，留下诗文。我们小组就利用学校地理位置之便，在9月和11月两次来到锡惠公园，深度挖掘了惠山二泉蕴藏的文化内涵。

中期汇报课，我们主要列举了唐宋文人在惠山和二泉写的各类题材内容的诗歌。今天的结题会上，我们组精选了其中几位有代表性的诗人和诗作来做重点解读。

在寻找惠山与诗人的关联中，我们首先被唐代诗人李绅吸引住了。对于李绅，大家并不陌生，还记得他的《悯农》二首吗？在这两首诗中，诗人饱含悲悯精神和济世情怀。而大家又可知李绅除了"悯农诗人"，也有"惠山读书郎"一称。李绅从小家境贫苦，六岁丧父，母亲让他在惠山寺旁潜心苦读。远离世俗的环境洗去了青年的浮躁，对社会民生的体察丰厚了青年的心灵。当到京科举时，李绅凭借《悯农》名动朝廷，成为无锡第一位进士，进而成为历史上第一位无锡籍宰相。

唐宋文人吟咏二泉的诗作则更多。其中最负盛名的，当属苏轼的《惠山谒钱道人烹小龙团登绝顶望太湖》，我们一起齐声朗读一下："独携天上小团月，来试人间第二泉。"足见苏轼对二泉的情有独钟。其实，所谓二泉之名，始于茶圣陆羽，而随着苏轼的诗名远播而沿用至今。

说到这里，有没有人知道天下第一泉在哪儿？历朝历代，人们对二泉的评定毫无异议，但对天下第一泉的争论却莫衷一是。陆羽认为是庐山泉，也有人认为是济南趵突泉，镇江中泠泉，北京玉泉……都被冠以过天下第一的称号。

"二泉"虽为第二，却在唐宋时期为大量文人诗作吟咏，更被文人群体赋予了深厚的文化内涵。这种文化元素源远流长，毫无间断。如苏轼的这首诗通过末尾两句典故，表达了他对孙登、阮籍两位隐士的仰慕，也流露了隐逸逍遥的人生理想。

再来看这几首"二泉"诗：南宋诗人范成大的诗中"遥怜海内无双士，独酌人间第二泉"抒发了清高超脱之志。其后元代诗人张雨则写下"水品古来差第一，天下不易第二泉。……虚名累物果可逃，我来为泉做解嘲"，挖掘了二泉不耽于虚名，进退有度的内涵。而明代诗人则更以"平生观海意，此际更渊渊"给予了二泉更大的格局。

对"悯农诗人"李绅而言，惠山不仅是他求学之地，更是他的精神土壤，让他懂得俯下身来品味生活的甘苦，即使出行再遥远，也心系故乡的民生疾苦。而以苏轼为代表的唐宋文人们，二泉则是他们借以咏史抒情、明志说理的诗意源泉。在唐宋文人的文化涵养之下，惠山二泉已不再是地图上一个简单的标志，而成为内涵丰厚的文学符号，滋养着一代代无锡人。这是我们的研究结果，下面欢迎第三组同学。

第三组：泰伯奔吴为无锡文脉添上了"至德"的底色；文人雅意又涵养了无锡文脉，使它走向精致、内敛。我们第三组认为教育教化是文脉传承的重要支点。下面将由我们小组成员分别从家训、祠堂、书院三个方面为大家做进一步阐释。

望族家训：我们认为，对文脉的传承体现在血脉的流淌里。通过家训，我们看到了一个家族最大的精神资产——家教和门风。下面就让我带领大家，通过无锡望族荣氏、钱氏、秦氏的家训族规，体味文脉的家族传承。

我们首先来到梅园瞻仰荣氏家族，为什么荣氏能历经百年，兴盛不衰？这个家族是如何教导子孙的？我们在梅园的诵豳堂找到了答案！你们理解这几句话吗？（"结中等缘、就平处立"指为人要谦逊淡泊。"享下等福，向宽处行"指要做事仁厚，不骄纵浪费。这几句都是对自我的约束，"发上等愿、择高处立"则强调惠己还要及人，要以兼济天下为己任。）是的，荣德生先生一生践行家训，自奉节俭，但对于社会公益却出手大方。先后设立大公图书馆，创办各类学校，直至创办江南大学！荣氏的优良家风，影响了后代子孙。荣氏家训的核心思想就是育己济人。

提起钱氏家族，我们都会不由肃然起敬！为什么钱家能打破"五世而斩"的定律，出了那么多为国家做出巨大贡献的人物？我们也把家训当作找到答案的钥匙。著名的《钱氏家训》，开篇就讲"心术不可得罪于天地，言行皆当无愧于圣贤"。一部《钱氏家训》，核心就是立德。据我们一中著名校友钱伟长先生回忆，钱氏家族每有新生儿诞生，就要全家人一起恭读《钱氏家训》，可见家训对钱氏一族的非凡意义。钱氏家族一直遵循着圣贤教育，目的是把钱氏每一个成员培养成利国利民的栋梁，后代子孙尽管成材道路不同，但是在家训"立德处世"的熏陶下，无论走到哪里，他们都一直遵从祖训，续写着这个江南望族的辉煌历史。

最后来看下秦氏家族，无锡的秦氏故居、故园很多，有文渊坊、寄畅园等。我们在小娄巷的秦氏故居里找到了秦氏的家训。故居门口还有这样一副对联：几百年人家无非积善，第一等好事只是读书。锡山秦氏之所以能成为历史悠久的文学世家，其生存发展的基础是深厚的家族文化：诗书传家。

诚然，三个望族家训的侧重点各不相同，但是都传递了无锡文脉里关于读书修身、立德养性、务实济世的主要精神。这些精神为世代子孙恪守，影响深远。由此可见，家风家德是一个家族的根，是家族兴盛不衰的基础，也是无锡文脉得以绵延的保证。谢谢大家，有请朱竞尧继续探究。

祠堂文化：每个家族都希望把美好的精神智慧传承下去，而祠堂则成为这些愿望的精神依托。我们小组负责探寻惠山祠堂群的文化内涵。无锡的惠山祠堂群坐落在锡惠山下，作为流传至今、保存相对完好的古建筑群体，承载着无锡深厚而久远的历史记忆，堪称无锡人的精神家园。

在探寻无锡文化的深沉精神追求、探寻传统家族演进足迹的过程中，我们实地考察了众多祠堂，这是我们的研究过程。在本次结题报告中，我们选择了最能体现吴地文化精神内涵的两个祠堂——华孝子祠和范文正公祠为例，进行重点分析。

我们最先来到华孝子祠。在"惠山一百八十祠"中，华孝子祠是始建年代最早、现存祠址范围最完整，也是目前第一个按传统祠堂文化特定内涵予以恢复的祠堂，有"江南第一古祠"的美名。华孝子祠始建于南齐建元三年，也就是公元481年。齐高帝萧道成为了表率克尽孝道的民间义士，赐予无锡人华宝"孝子"额，邑人即将华宝故居改作祠堂，以祀孝祖。祠堂内，供奉华孝子铜像，正上方有"孝为行首"的匾额。

"孝"是传统美德中最基础的德行，却守卫着"家"这个最小而最稳定的社会关系单位。华孝子祠里的供养不绝，代表了无锡人对道德底线的重视和坚守。

大家知道范文正公祠祭祀的是谁吗？（范仲淹）还会全文背诵他的《岳阳楼记》吗？（提示同学背名句——不以物喜，不以己悲。居庙堂之高则忧其民，处江湖之远则忧其君。是进亦忧，退亦忧。然则何时而乐耶？其必曰"先天下之忧而忧，后天下之乐而乐"乎。）"先天下之忧而忧，后天下之乐而乐"，这一警句流传千年，开创性的宇宙人生观，不知影响了古往今来的多少读书人。而它的作者范仲淹，早已成为人们心中的一座丰碑，巍然屹立在中国传统文化的百花园中。

和华孝子不同的是，范仲淹并非无锡范氏的直系先祖，而只是与无锡范氏有同一高祖。那么无锡范氏筑范文正公祠的用意是什么呢？我想，除了对这位族祖的功业与道德文章的无限崇敬之外，更是希望无锡范氏能以范仲淹为榜样，将这种高尚的情操永远流传。

华孝子祠，代表了人与家之间的情怀，身为子女，只有尽了孝道,才可称作一个真正的家。而范文正公祠,更是代表了人对于整个国家的期望与理想。天下之本在国,国之本在家,家国常常一体,家是国之基础,国是家的集成。惠山祠堂群文化,最突出的文化内涵与特色,无疑是"家族文化""宗亲文化"。然而,"家"与"国"的这种特殊关系,却使得惠山祠堂文化价值远远超越了宗族层面,具有了国家意义。

书院文化:如果说古人"修身齐家治国平天下"的朴素理想是通过祠堂和家训这一精神文化纽带与现代社会相连,那么书院则打破了狭隘的血缘关系,将教育的对象放诸四海之内所有有胸怀和抱负的年轻学子,支撑起无锡文脉传承中最重要的部分。无锡自古以来就有重视教育的传统。从南朝一直到清末,无锡私塾达到866座,先后创立13所书院。我们选择了里面最有代表性的三所:遂初书院、二泉书院和东林书院,并在国庆期间进行了实地考察。中期汇报时我们重点介绍了三所书院的创办人和书院里的一些重要建筑与楹联。在结题环节我们将重点分析书院倡导的读书理念。

二泉旁的遂初书院是南宋文学家尤袤所造。尤袤又叫"尤书橱",他的藏书楼叫"万卷楼",藏书三万余卷,我们去看的时候已空无一物,但是如果看了尤袤好友杨万里的这一段记载,我们完全能想象"尤书橱"的狂热,充分表明了尤袤对读书发自内心的热爱和因为读书而获得的精神充实。

明代教育家邵宝建造的二泉书院离遂初书院不远,就在惠山寺的旁边。对于邵宝的教育理念,我们来看他自己说的一段话:"物之德",指要明白事物的品性,"经世之猷",指要有治国的谋略,"忧时之虑",指要有对时世的忧患意识。可见,在教育观念上,"道德至上"是邵宝对学生人格的基本要求,"经世致用"则是他认为的读书具体目的。

"风声雨声读书声声声入耳,家事国事天下事事事关心。"一幅著名的对联让人们牢记了一个著名的读书人群体,一座著名书院的辉煌。东林书院在哪里?如果查一下百度地图,无锡一中到东林书院的直线距离非常短,但是我想问,我们全班同学有多少人去过?当我像大多数人一样只是背熟了这句名句,知道杨时、顾宪成、高攀龙的名字,东林书院对我来说只有模糊的符号意义。但当我们组真正踏进了书院大门,真正面对这幅顾宪成撰写的名联时,我们仿佛亲眼见到他们讽议朝政、抨击阉党,亲身感受到他们以天下为己任的责任感和忧患意识,这种发自内心的震撼和崇敬才是真实的。

在探寻活动中,我们感佩于先人们的高雅志趣和高尚情操,也在不断地叩问自身,这个时代的年轻人读书是为了什么?(提问)总结:尤袤告诉我们是为了修身养性,读万卷书有行万里路的视野;邵宝告诉我们是为了经世致用;读书不仅仅是修身,还要懂得关注社会民生。东林先贤进一步将境界扩大,呼吁读书人以天下为己任!我认为,读书为修身,养性,为名,为利,只要得之有道,都无不可。但为国计民生,为家国天下读书,如东林先贤,是更值得我们永世追慕的。东林精神是一个时代的文化精神!

(三)问题探究

三组同学分别从德行、诗文、教育三个角度为我们展示了他们在无锡文脉传承方面的研究结果。

和大家一样,老师边聆听边思考,渐渐产生了这样一个疑问:泰伯奔吴,体现了礼让的精神,而范仲淹的"先天下之忧而忧",东林群贤的"事事关心",如果用一个成语来高度概括,则又体现一种当仁不让的精神。让与不让,这两者是否矛盾呢?我们今天如何理解这种"让"与"不让"呢?(板书)

(学生小组讨论并发言)

小结：泰伯的"让"，范仲淹与东林党人的"不让"，本质上都体现他们对国家的责任感，看似矛盾，实则统一。

那么我们可以再进一步思考一下，让与不让在经世层面的抉择，在刚刚交流的无锡诗文版块里是否也有相似的留存呢？

（学生小组讨论并发言）

小结：李绅的诗歌中关注民生体现其个人精神的"不让"，而文人群体则挖掘了二泉不争天下第一名衔的文化内涵，因而用更多的诗文去增加其文学上的高度，使它成为文化名胜，这也体现文人群体看重"让"的精神的意识自觉。（板书：让　不让　虚名　责任）

（四）总结

泰伯的礼让，李绅的悲悯，二泉的谦逊，家族关于育己济人的教育，书院对于经世致用的倡导，一点点铸就了无锡尚德务实、崇文重教的城市精神。我们的课题研究虽然因为时间和条件的种种限制尚有不少遗憾，但是也在这种新的形式中带给大家不少尝试与思考。课堂上的交流到此结束，最后环节有一个结题作业，请每个同学根据今天的交流内容，任选其中一个无锡文化名人（名胜），以"某某，我想对你说"的形式，书写他（它）的精神对无锡城市精神的塑造，对你的启迪。400字以内。

四、教学反思

培养学生文化自信，仅靠教师课堂上的引导是远远不够的。学生只有走出校门，走进社会，在生活实践中实现从"内化于心"到"外化于行"的飞跃，才能自我觉醒和自我创建，增强对中华文化价值的认知和自信。

本课程的宗旨就是通过开放性的学习资源的准备，通过相对宏观的情景创设,改变囿于教室和校园的学习方式,激发学生的好奇心和学习兴趣,使他们的身体和头脑都动起来,引导学生在团队中学习,在参与的过程中进行自主建构,观察生活,获得体验,收获感悟,提升学生的思维品质,形成健康向上的审美情趣,拓展文化视野,增强文化自觉,提升文化自信。

当然,本课程实施尚有遗憾之处,主要体现在:如何做好课内外探究活动的协调与衔接;结题汇报课堂上,师生互动形式如何更丰富;小组核心成员发言过程中,其他组员的参与意识如何更好地提升,使得课堂上全员参与体现得更活跃。这些尚不成熟之处还需教师继续在实践中探索改善。

第六讲　江南的冬景

一、教学目标

1. 语言建构与运用：体味与鉴赏本文的语言风格，赏析郁达夫散文的文字魅力，感受散文语言的清丽明快。

2. 审美鉴赏与创造：赏析作者笔下的江南之美、冬景之美，赏析文章优美的画面，培养学生感受和欣赏自然之美的能力。

二、教学重难点

1. 提高朗读技能，掌握本文对比衬托、虚实结合的写作手法。
2. 陶冶性情，提升审美境界，激发学生热爱生活之情。
3. 学习写景状物的表达技巧，体会文章浑然天成的意韵。

三、教学方法

诵读法、情境法、提问法和研讨法。

四、教学手段

板书、多媒体。

五、教学过程

（一）导入

江南是中国古典文学经常描写的一个文学地理意象，在中国文人笔下，江南充满了诗意和情趣，富有文化内涵，人们总是寄予其美好的想象；而一年之中的冬季也常是文人墨客笔下描绘的对象，岁末年尾，冬雪别有一番滋味。那么当江南遇上冬天，会是一番怎样的景象呢？今天我们就来学习郁达夫《江南的冬景》，看看他笔下的江南的冬天是怎样的。

我们先来简单了解一下作者。

（二）作者简介

郁达夫（1896—1945），原名郁文，浙江富阳人，1911年起开始创作旧体诗，并向报刊投稿。1914年7月考入东京第一高等学校预科后开始尝试小说创作。1921年6月，与成仿吾、郭沫若等成立创造社。1930年3月，参与发起成立中国左翼作家联盟。1938年底赴新加坡，从事报刊编辑和抗日救亡工作。1942年流亡到苏门答腊。1945年日本投降后被日本宪兵秘密杀害。著有小说《春风沉醉的晚上》《迟桂花》，短篇小说集《沉沦》，散文《故都的秋》《江南的冬景》，散文集《屐痕处处》《闲书》等。

（三）文本分析与鉴赏

（先让学生默读，读到精彩的句子可以圈点评论）

1."塞马秋风冀北,杏花春雨江南",往往用来指中国地域中自然和人文风景差距较大的南北区域。请大家想一想,你认为江南地区应该包括哪些地方?文章中郁达夫所描述的江南又指哪些地方?

(引导学生思考江南的区域位置,启发学生回想有关江南的诗词,如白居易的《忆江南》)

分析:长江以南,指江浙地区(第6段),而不指中国极南地区闽粤地区。

2.无锡地属江南,请大家想一想无锡的冬天有怎样的景象?请结合本文所写的冬日景象,画出一幅你认为最能代表无锡冬天的图画,并谈谈你的认识。

(学生回答自己的体会,并结合文本来谈,学生图画中的场景与文本中的冬天场景有无不同,选取画中场景的理由。最后,注意引导学生从文本中寻找江南冬景的总体特点。)

3.作者本来要写"江南的冬景",为什么开篇先写"北国的冬天"?这样写有什么好处?

分析:先探讨"北国的冬天",再分析"江南的冬景",作者是运用了比较的写作手法,写出了两地的冬天各有各的特点,突出了江南冬天的晴暖温和,渲染了北国冬天所没有的屋外曝背谈天的乐趣。目的还是为了引起讨论"江南的冬天"。

(先探讨"北国的冬天"。)

(1)作者在写北国的冬天时,写了哪些生活细节?从文中找出这些事例。

如:围炉煮茗、吃涮羊肉、剥花生米、饮白干、地炉、暖炕、萝卜、雅儿梨、大年夜、正月初一、元宵节。

(2)这些细节总体显示出北方的冬天有什么特点?

明确:热闹、活泼,充满生活气息。

(再分析"江南的冬景")

（1）同样来分析，作者在写江南的冬景时，选取了哪些细节？

灰云扫尽，落叶满街，晨霜的白，日升屋檐，鸟雀吱叫，泥地蒸气，老翁小孩曝背谈天。

（2）这些细节的表现流露出作者怎样的情感倾向？

温馨可爱，安静恬美。

思考：作者在描写北国与江南的冬天的生活细节时，是否各有侧重点？

提示：写北国之冬时，多写日常生活片段，富有生活气息，而写江南的冬天时则更侧重写冬景，自然景象，突出江南冬天的活力。

4.除了将江南的冬天与北国的冬天作对比，文中还有哪些对比？这些对比各有什么作用？

分析：第一，北国冬天与江南冬天的对比。这一对比着眼于人的生活，将北国冬天的蛰居异境与江南冬天的曝背谈天比较，突出了江南冬天的晴暖温和，渲染了江南冬天户外活动的乐趣；第二，将江南的冬天与北方的夏夜作对比，着眼于情调，突出江南冬天明朗的情调；第三，将闽粤等地的冬天与作者所说的江南的冬天作对比，作者认为闽粤之冬只能是南国的长春，是春或秋的延长，从而将作者所感受到的"江南的冬景"做了更明确的地域界定。

5.作者主要写了冬季江南什么样的美景？有什么特征？

分析：写了屋外，写了植被，写了江南的雨、雪，无雨无雪时冬郊的闲步。具有温润、晴暖、优美的特点。这种冬天的闲步是别处所没有的，也是作者十分怀念的。

6.作者引用古人的诗句来描绘江南的雪景，找出这些诗句，分析引用的这些诗句有何特点？有哪些作用？

分析：诗句特点是按时间顺序排列，由黄昏到晚上、到半夜、到黎明。所引诗句都带有生活情趣，其作用是：使文章写法活泼，避免单一；江南冬景与文化底蕴巧妙融合，巧借诗歌意境，使文章更富文学情趣，使江南冬景更迷人、更有诗意；可引起读者的文学联想。

7. 作业：针对无锡的冬景写一篇文章，模仿《江南的冬景》的语体及思路，不少于500字。

六、教学反思

《江南的冬景》是郁达夫的经典散文，但作者笔下的江南生活与在现代城市里生活的学生有一定距离，因此，课上我要多对当时的社会背景做介绍。图画活动的设计是为了学生直观理解、体会，但对一些同学来讲会有难度，这种活动最好以小组活动形式开展。文本的解读与赏析是教学重点，要让学生理解作者笔下江南冬景的风貌，进而体味作者对家乡的思念之情。

第七讲　沁园春·长沙

一、教学目标

1. 了解作者生平，词的体裁知识，了解词中意象和意境。
2. 抓关键字词，品味其丰富的表现力，感受诗词豪放阔大的意境；在讨论分析中，学习鉴赏诗词的方法。
3. 激发学生热爱祖国大好河山的情感，感悟作者博大的胸怀，体会作者以天下为己任的历史责任感。

二、教学重难点

1. 重点：在文本分析探讨过程中，了解诗词的意象和意境，学习鉴赏诗词的方法。
2. 难点：学习鉴赏诗词的方法，体会作者以天下为己任的历史责任感。

三、教学过程

（一）导入

播放配乐诗朗诵《沁园春·长沙》，伴随着一帧帧壮美河山的图片的变换，激昂的男高音开始朗诵《沁园春·长沙》，学生们的情绪霎时被调动起来，仿佛也随着词人的思绪漫游在祖国的大好河山之间，心中的豪情陡然升腾起来。

（二）关于"词"的背景介绍

"沁园春"，词牌名。相传沁园是东汉明帝女儿沁水公主的一座园林，后来被外戚窦宪仗势夺取，有人作诗咏其事，由此得"沁园春"词牌。此词牌双调，正格一百一十四字。一般为上阕十三句四平韵，下阕十二句，五或六平韵。这首《沁园春·长沙》上阕"头""流""由""浮"（与有韵"否"通）押韵，下阕"游""稠""遒""侯""舟"押韵，整首词押尤韵，一韵到底。此词牌宜于抒写壮阔襟怀，为苏辛一派词人所爱用。《沁园春·长沙》承续苏、辛一脉豪放词风，壮怀激昂，境界阔大，是毛泽东初入词坛的代表作。

题名"长沙"，即是写长沙的风物与生活。自 1911 年，考入设于长沙城内的湘乡驻省中学，到该词写作时的 1925 年，作者已在长沙生活了 14 年。1925 年，声势浩大的"五卅运动"与省港大罢工爆发，全国各地反帝反封建运动轰轰烈烈地展开，在这种时代背景下，作者在家乡湖南领导了农民运动；后受湖南军阀赵恒惕通缉，经由长沙南下广东。这首《沁园春·长沙》，即写于作者在长沙逗留期间。

（三）作者简介

"颂其诗，读其书，不知其人，可乎？是以论其世也，是尚友也。"（《孟子·万章下》）孟子认为，文学作品和作家本人的生活思想以及时代背景有着极为密切的关系，因而只有知其人、论其世，即了解作者的生活思想和写作的时代背景，才能客观正确地理解和把握文学作品的思想内容。

毛泽东（1893—1976），字润之，湖南湘潭韶山冲（今湖南省韶山市）人，中国共产党、中国人民解放军、中华人民共和国的主要缔造者和领导人，伟大的马克思主义者，无产阶级革命家、战略家、理论家，中国当代杰出的诗人。

（四）文本分析，词作鉴赏

独立寒秋，湘江北去，橘子洲头。

暮秋深寒，一个人伫立橘子洲头，清泠江水，顺北流去，直入天际。独立寒秋，而"寒秋"本无可立足处；唯以秋之荒冷无边，空茫阔远，反衬人之渺小孤子。"寒秋"虽是时间概念，却被"独立"曼衍为空间的场景，时空浑融，意境苍茫。起句境界阔大，故人虽孤渺，而全然不见幽凄悲怆之情。所以，虽是寒秋，却不悲秋。湘水北流，而作者却被迫南下，一南一北的对比中，心中那种不甘、激愤之情也就不自觉地折现了出来。"橘子洲头"，既补充点明了上文"独立"的地点，也为下文的"看"布设好了观察点。

看万山红遍，层林尽染；漫江碧透，百舸争流。鹰击长空，鱼翔浅底，万类霜天竞自由。

一个"看"字领起下文六句。从"看"的角度而言，"万山红遍，层林尽染"是远眺，"漫江碧透，百舸争流"是远观，"鹰击长空"为仰视，"鱼翔浅底"算俯察。具体来说，这六句又可分为两组："万山红遍""层林尽染""漫江碧透"是静景；"百舸争流""鹰击长空""鱼翔浅底"为动景。动静结合使画面既有一种旷阔沉穆之美，又不乏雄浑劲疾的活力。前一组中连用"遍""尽""透"三个表示程度的字，重笔铺染，形容极致，于写景之中已将那满腔喷薄欲出的豪情淋漓透出；后一组的"争""击""翔"充满了雄健的力道感，从作用上来说，这也是在为下文的抒情涵劲蓄势。"万类霜天竞自由"，以一个"竞"字来收束所"看"的全部秋景。

怅寥廓，问苍茫大地，谁主沉浮？

上文六句的涵劲蓄势，最终汇涌成了这最后的一问：苍茫大地，谁主沉浮？到底谁主沉浮呢？作者虽没有明说，但那种当仁不让的豪情却已溢于言表。这一问既抒发了自己澄清寰宇、主宰浮生的政治豪情，也直接回应了当时湖南省省长的通缉：看吧，最后到底谁才会是这大地的主宰——开头由"湘江北去"而引发的激愤之情，至此也得到了发泄！

王国维《人间词话》曰："东坡之词旷，稼轩之词豪。无二人之胸襟而学其词，犹东施之效捧心也。"毛泽东的这首《沁园春·长沙》也因其开国领袖的身份，而益发显得出语劲拔，气势雄豪；若无主席之政治功绩，而强学其豪壮语，亦如东施之效颦也。从这个意义上来说，不知是文学上的毛泽东成就了政治上的毛主席，还是政治上的毛主席成就了文学上的毛泽东。

携来百侣曾游。忆往昔，峥嵘岁月稠。

下阕首句的"曾"字，很自然地便将时间从现在带回了过去。曾经，就在这橘子洲头，和许多同伴一同游赏过；回忆过去，不同寻常的日子还真不少啊！这平淡的两句，妥恰而自然地将上阕那宣泄完的情感，接引到下阕对往昔的追叙上来，过渡自然。

恰同学少年，风华正茂。书生意气，挥斥方遒。指点江山，激扬文字，粪土当年万户侯。

一个"恰"字，总领下文七句。那时候，同学们都还年少，意气风发，才华横溢；那种读书人的意志气概，奔放遒劲；"挥斥"一词，源出于《庄子·田子方》："夫至人者，上窥青天，下潜黄泉，挥斥八极，神气不变。"庄子所谓的"至人"，是说一种上天入地都能神色不变而挥洒自如的人；词中化用"挥斥"，不仅是用来形容当年强劲遒健的意气，更是对"至人"那种履险如夷、心神泰然的人格修养的推崇。革命形势,虽是险恶,但只要有"至人"这种"挥斥八极"的人格精神,就无所惧哉!因此,也就敢直言指称天下时事,写一些激浊扬清的文字,甚至把当年的万户侯都视作粪土一般。此七句全是叙事,直呈心事,直抒胸怀,毫无雕饰,全以豪情、气势取胜。豪放词本忌过分叫嚣式地呼号,而这七句因由作者的政治活动作支撑,联系时事,知人论世,词中的这种蔑视权贵、斗志昂扬的豪情,也就不会显得直露而空洞了。

曾记否,到中流击水,浪遏飞舟?

"曾记否"中的"曾"字,呼应开头,再次引发对过去的追忆;只是这里追忆的已不再是过去的那份豪情,那份气概,而是落实在了一个细节上:中流击水,浪遏飞舟!"击水",作者在后来曾自注:"击水,游泳。那时初学,盛夏水涨,几死者数,一群人终于坚持,直到隆冬,犹在江中。当时有一篇诗,都忘记了,只记得两句:自信人生二百年,会当水击三千里。"不说"游泳",而用"击水",一个"击"字,便将那种充满激情与自信的战斗情怀形象传神地展现在了读者面前。据统计,毛泽东在63岁到73岁间,曾18次畅游长江;由此可见,这里的"中流击水",不仅是一种文学抒情,更是作者的一种生活习惯与态度,是一种自信人生的自然流露。"浪遏飞舟",可理解为游泳时激起的水波,翻腾汹涌,几乎都把那飞速疾行的航船遏止住了;这也从一个侧面写出了"击"的力度。

总的来说,这首词上阕主写景,下阕主叙事,写景、叙事之中又恰到好处地融入了抒情,可谓景、情、事的完美结合。上阕以立体视角写楚天湘水,苍茫渺远中蕴蓄着劲疾豪健的活力,兴寄旷远,充满革命豪情;下阕以追忆的笔调,叙写自己当年的壮志与抱负,充满战斗情怀,成功地塑造了一群以天下为己任、蔑视权贵、英勇无畏的革命青年形象。

四、教学反思

《沁园春·长沙》是毛主席的一首著名词作。该词通过对长沙秋景的描绘和对青年时代革命斗争生活的回忆，抒写出革命青年对国家命运的感慨和以天下为己任，蔑视反动统治者，改造旧中国的豪情壮志。全词在片语之间，融情入理，情景交融。

本案例设计旨在引导学生通过品味词中秋景意象，感受毛主席伟大的革命情怀与革命壮志。在案例处理中，我通过讲授诗歌宏阔的意境，让学生感受到词人笔下壮美的河山以及革命前辈的博大情怀和革命壮志。以此激发学生热爱祖国、热爱我们的民族语言、热爱传统文化的情感，并由此生发奋发向上的精神，树立远大的理想。

准备《沁园春·长沙》一课，我把教学原点定为基本把握词的文体和理解作者的革命豪情。《沁园春·长沙》和《沁园春·雪》一样，都表现出非常鲜明的词的常规特点，比如上片写景状物，下片抒情言志，上下片之间的结构句化实为虚，承上启下。因此本节课我侧重让学生从整体上认识词的特征，并建立提炼关键词"看""问""忆"的意识。在赏析写景部分时候，我发现学生对于借代、比喻、拟人等手法的认识比较模糊，课上我也及时做了简单的点拨。自我反思，所带班级学生程度不错，但是表达意愿不是很强烈，需要老师今后不断做引导。课堂内容多考虑删减、整合，尽量让自己少讲少说，给学生思考和表达的空间。

第八讲　明清之际活跃的儒家思想

一、教学目标

1. 了解李贽、黄宗羲、顾炎武、王夫之等人的主要思想,能够把握明清时期儒学思想的发展脉络。

2. 通过史料分析,能够理解他们的主要思想内涵,并大致概括明清之际儒家思想的时代特征;能够探究中国传统主流思想的发展和演变过程。

3. 通过本课的学习,感受明清时期进步思想家"提倡个性""批判专制"主张的思想价值和高尚追求,进一步增强对优秀传统文化的自豪感,形成"文化自信"意识,确立积极进取的人生态度,塑造健全人格。

二、教学重难点

1. 重点:李贽、黄宗羲、顾炎武、王夫之等人的进步思想主张。

2. 难点:探究明清之际思想活跃的原因和进步性。

三、教学过程

（一）导入

明清两朝，中国封建社会已经进入后期，资本主义萌芽已经产生并缓慢地发展，旧制度的衰落已经严重阻碍新社会因素的产生和发展，这种矛盾首先在思想界被敏锐地反映出来。尤其是明朝的灭亡，沉重打击了士大夫们的自信。于是，在明清时期思想界里出现了一批反对传统儒家思想，反对封建专制主义腐朽统治的思想家，并掀起了这一时期的文化潮流。他们批判地继承了传统的儒学体系，使我国传统文化重新焕发了生机。今天我们就一起来了解当时的思想盛况。

（二）授新课

1. 活跃的社会风气

请同学们结合必修一、必修二，说明明清时期的政治制度和经济情况：

政治上，君主专制空前强化导致吏治腐败、矛盾尖锐；经济上，商品经济发达，出现资本主义萌芽。

老师：分析明清时期的政治与经济情况，思考出现活跃思想的原因。

学生：资本主义萌芽出现，商品经济的发展。

我们可以这样解释，基于新经济因素的产生，资本主义萌芽的发展为工商业者提供了物质基础，更提供了很多发声的机会。工商业经济的发展壮大了市民阶层的力量，使其社会影响力不断增强，逐渐形成了一股社会思潮——"批判君主专制，寻找救国良药"。

2. 挑战旧世界的斗士

从社会发展的角度来说，明清处于封建社会的后期，已存在

1500多年的专制制度的阻碍作用更明显。

老师：回忆第三课内容，南宋以后的官方哲学指的是什么？

学生：程朱理学。

老师：它产生了什么消极影响？

学生：宋明理学越来越成为压抑思想的教条，摧残了人性。而掌握这些官方哲学的理学家们，很多人将其作为谋取利益的手段，人前满口仁义道德，人后却品行恶劣、极其虚伪。而正直清廉的官员们则受到排挤和打击，李贽就是其中之一。

※ 李贽（1527—1602），号卓吾，福建泉州晋江人，是明朝有封建叛逆色彩和战斗精神的著名思想家。26岁中举后因经济拮据不能拼得进士及第资格，循例在政府任职。他不拘官场和礼教的束缚，为官20余年，却只能辗转各地担任中下级官员。53岁年辞官专心从事讲学和著书。61岁削发为僧后被以"惑世诬民"的罪名被捕入狱。76岁在狱中以剃刀自杀身亡。

材料：李贽讲学跟别的先生不一样：别的先生只收男生，李贽偏偏要男女收在一起教；别人教书专讲"四书""五经"，李贽却宣扬物质享受，捍卫个性和自由。他还经常出谜语逗学生们玩：扫帚脚上长头发，清早起来扫地下，桌椅有脚不走路，扁担无脚走天涯。

老师：材料反映了李贽怎样的性格特征？

学生：（性格）"叛逆"、正直清廉。

老师：李贽有哪些被视为"异端"的思想？

学生：（1）反对以孔子的是非作为判断标准；

（2）批判道学家"存天理灭人欲"的虚假说教；

（3）强调人的正当私欲。

李贽虽然也是儒学者，但他并不盲从，他认为时代在发展，是非标准也在变化，孔子的理论早已经不能跟上时代步伐，应当顺时而变；而且针对那些虚伪的道学家，他不与其同流合污，坚持自己的品行，难免会受到排挤。因此，他虽做了很多年官，却总是无法"升职"。他更进一步阐释"三纲五常"是"人伦物理"，"穿衣吃饭"这样的基本生活需求也是"人伦物理"，那些道学家张口闭口仁义道德，似乎不食人间烟火一般，实则背后荒淫无度。李贽能够提出"物质生活需求"的主张，反映了资本主义萌芽的时代要求，是新经济因素的代表者。

3.坚贞不渝的卫国者

老师：从三人的外表来看，有何共同点？

学生：三人都戴着头巾。

老师：那他们为什么不把头发漏出来，反而紧紧包裹起来呢？

学生：他们不想留辫子。

解读：他们都是明末清初的人，清军入关以后要求全民剃发留辫，而他们三人没有剃发留辫，只是用头巾包裹起来，而且还参加了抗清斗争，以表示自己忠于大明王朝的坚贞和不屈从于清政府的道德情操。

之一：黄宗羲

根据课本内容和以下材料，概括黄宗羲的思想主张。

※ 黄宗羲：(1) 君主专制是天下大害，天下为主君为客的民主思想。

(2) 工商皆本。

作为明朝的士大夫，黄宗羲目睹了大明王朝的灭亡，他无比痛惜。于是，他从社会制度的角度思考明朝灭亡的原因。他认为腐朽的君主专制是明朝灭亡的罪魁祸首，君主专制的不断强化，阻碍了工商业经济的发展；而宦官专权也起因于此。他在著作《明夷待访录》中提出了自己对专制的看法，轻君主而重天下、人民，体现了黄宗羲的思想具有早期民主的特色，即反专制。孙中山曾高度评价黄宗羲的民主思想。

之二：顾炎武

老师： 根据课本知识，概括顾炎武的思想主张。

学生： 经世致用；天下兴亡，匹夫有责。

解读： "经世致用"是中国古代逐渐形成的一种提倡研究当前社会政治、经济等实际问题，要求经书研究与当时社会的迫切问题联系起来，并从中提出解决重大问题方案的治学方法，又称经世致用之学。

老师： 为什么顾炎武会专门思考明朝的学风呢？

学生： 明朝八股取士，考试从内容到形式都已经僵化，不切实际。

解读： 明朝时科举取士的效果大打折扣，考试内容已经严重僵化，人们只关注儒家经典，只会夸夸其谈不切实际，不能解决社会问题。顾炎武经世致用的观点有：择情定税，减轻人民负担；因地制宜，振兴工商业。针对的时弊是地主豪强兼并土地、赋税不均和重农抑商的政策和观念。它有两方面的影响：（1）实事求是、博学考据的治学方法开清代考证学术之风气。（2）立足现实、学以致用的观念为后世提供了重要的思想源泉。

除了倡导实用的学风以外，顾炎武还在他的《日知录》中谈论了亡国和亡天下的区别。通过阐述两者的区别，说明明朝的灭亡只是朝代的更替，但清军企图强迫汉族人民剃发留辫和屠杀的行为则是亡国灭种的危机，因此他大声疾呼每个人都要站出来保卫国家和民族的责任，后人将其总结为"天下兴亡，匹夫有责"。

经世致用本质上是一种务实，是一种责任感，也是一种身体力行的体现。它反映了中国古代知识分子代代相承的一种普世关怀的情怀。

老师：从顾炎武的身上能看到江南知识分子具有哪些精神？

学生：爱国，社会责任感。

江南地区注重知识和修养，自宋代以来的科举人才无数。在明朝后期，社会矛盾日趋激化。顾宪成、高攀龙等人在东林书院（无锡）讲学，他们讽议朝政、评论官吏，要求廉正奉公，振兴吏治，革除朝野积弊，反对权贵贪纵枉法。这些针砭时政的主张得到当时社会的广泛同情与支持，时人称其为"东林党人"。虽然东林党人遭到宦官魏忠贤的打击报复，东林书院也被拆毁。但是他们关怀天下、心系百姓、坚守节操的气节流传在江南士大夫之中。原来的部分东林党人后来组建了"复社"，希望能挽救即将倾覆的明朝大厦。明朝灭亡以后，他们便继续从事抗清斗争。黄宗羲和顾炎武就是复社成员。

之三：王夫之

与黄宗羲和顾炎武同时代的王夫之，也是一位进步思想家。王夫之发展了古代朴素的唯物思想。他从社会思想的角度思考明朝灭亡的原因。

老师：王夫之看到了明朝社会思想中的什么弊病？

学生：思想僵化，常把"仁义道德"挂在嘴边，面目虚伪、脱离实际。

解读：王夫之认为"气者，理之依也"，这里的"理"是指精神，即精神是依赖于物质的，由物质产生的，离开物质，精神就不存在。因此他提倡唯物主义，反对虚无的唯心主义思想。王夫之的思想深度远高于同时代的学者，关于唯物主义、辩证法等诸多思想都有涉及，他启迪了近代人们的思维方式，意义深远。

而明清思想大师的主张都包含着民主议政的思想萌芽，猛烈冲击了传统封建秩序，具有一定的民主启蒙意识，对后世思想产生了极大的影响。如谭嗣同曾说："国初三大儒，唯船山先生纯是兴民权之微旨，次则黄梨洲《明夷待访录》，亦具其义。"梁启超自称深受《明夷待访录》思想影响，"在三十年前，我们当学生时代，实为刺激青年最有力之兴奋剂，我自己的政治运动，可以说是受这部书最早而最深"。

老师：为什么这些活跃的思想仍属于儒家思想的范畴？

学生：具有社会责任感；充满社会关怀；不断适应社会发展。

解读：明清之际的几位思想家都围绕着"仁"，李贽批判道学家的虚伪，强调正当私欲，体现了对普通劳动追求物质财富的肯定；黄宗羲批判君主专制，"天下为主君为客"表现了对君主高高在上压迫民众的痛恨和对民众的同情；顾炎武倡导经世致用的学风，希望士大夫们能切实解决社会难题，为民众造福；王夫之则启迪人民的思维，切实思考问题。

老师：同学们能否总结一下其思想的进步性？

学生：批判君主专制；工商皆本；批判继承传统儒学；经世致用。

总结：明清之际的诸多大儒，他们心怀天下，有抱负和理想，不愿看着社会沉沦、腐败，或奔走呼号，或投入抗清斗争，为了挽救国家和人民不顾个人安危。尤以江南地区的士大夫为代表，这里有着浓厚的读书氛围和品德忠贞的志士，更流传着忠贞为国的精神。

四、教学反思

本课通过丰富的史料，详细阐述了明清时期儒学思想活跃的历史背景和内容，并对每一个思想家的主要思想作了具体说明和解释。尤其是通过史料展现了这一时期士大夫阶层忠贞为国的价值观和精神气质,引起了学生的共鸣。问题设置得比较合理,难度适中,学生基本能提出自己的观点。但是个别内容的设计,缺少深度和思想性,更多地在说明事实,例如对于李贽"离经叛道"的原因以及黄宗羲批判君主专制的实质没有解释清楚,对于这一时期思想的共同进步性缺少史料和解读,学生理解起来有一定难度。

第九讲　长三角一体化中的无锡发展

一、教学目标

以国家某项重大发展战略为例,研究发展战略蕴含的中华民族的文化精神和自信。

二、教学重难点

重点:以某个城市群为载体,运用不同类型的专题地图,说明其地理背景,城市群建设中存在的问题以及解决措施。

难点:研究和弘扬长三角一体化中的江南文化蕴含的哲学思想、人文精神、价值理念的助推作用,探索城市可持续发展的思路。

三、教学过程

导入:为了促进江南文脉的传承和创新,助推长三角更高质量一体化发展,第二届江南文脉论坛于2019年10月28日在无锡举办,引入3个热点关键词:长三角一体化、无锡、江南文脉。围绕"长三角一体化是什么""长三角为什么要一体化""长三角一体化中无锡怎么发展"的问题链（设计系列小问题链）线索驱动师生思考，如城市群问题链设计：城市群的规模—中心城市—周围城市的分工与协作—产业结构的布局。

（一）长三角群到长三角一体化

资料1：城市群是城市发展到成熟阶段的最高空间组织形式，是指在特定地域范围内，一般以1个以上特大城市为核心，由3个以上大城市为构成单元，依托发达的交通通信等基础设施网络所形成的空间组织紧凑、经济联系紧密，并最终实现高度同城化和高度一体化的城市群体。世界级城市群拥有强大的产业体系和经济实力，产生集聚效应和辐射功能。内部城市的功能与产业定位都有鲜明的分工体系，城市间根据自身基础和特色，承担不同的功能。在分工合作、优势互补的基础上形成组合体。

资料2：截至2018年3月13日，国务院共先后批复了9个国家级城市群，分别是：长江中游城市群、哈长城市群、成渝城市群、长江三角洲城市群、中原城市群、北部湾城市群、关中平原城市群、呼包鄂榆城市群、兰西城市群。

长江三角洲城市群以上海为中心，位于长江入海之前的冲积平原，根据2016年5月国务院批准的《长江三角洲城市群发展规划》，长三角城市群包括：上海，江苏省的南京、无锡、常州、苏州、南通、盐城、扬州、镇江、泰州，浙江省的杭州、宁波、嘉兴、湖州、绍兴、金华、舟山、台州，安徽省的合肥、芜湖、马鞍山、铜陵、安庆、滁州、池州、宣城等26市，土地面积21.17万平方千米，约占全国的2.2%。

长三角城市群是"一带一路"与长江经济带的重要交汇地带，在中国国家现代化建设大局和开放格局中具有举足轻重的战略地位，是中国参与国际竞争的重要平台、经济社会发展的重要引擎、长江经济带的引领者,是中国城镇化基础最好的地区之一。长三角城市群经济腹地广阔,拥有现代化江海港口群和机场群,高速公路网比较健全,公铁交通干线密度全国领先,立体综合交通网络基本形成。长三角城市群要建设面向全球、辐射亚太、引领全国的世界级城市群。建成全球重要的现代服务业和先进制造业中心、亚太地区重要国际门户和美丽中国建设示范区。读图文资料回答下列问题。

问题1:长三角城市群城市分布的特点是什么?

师生总结:沿江、沿海、沿交通线;以上海为中心;城市化水平和经济水平较高、城市等级体系较完善。

问题2:长三角城市群形成区位因素有哪些?

师生总结:地形、气候、河流、交通、政策等。

区域发展战略介绍:区域发展战略是指对一定区域的经济社会发展和生态环境保护做出的整体谋划,它具有战略性、长期性、稳定性和可持续性等特点。区域发展战略的制定,需要尊重自然规律,按照经济规律办事,因地制宜,扬长补短,生态环境优先,谋求共同富裕。新时代,我国强调区域协调发展。明确提出继续推动东部、中部、西部、东北四大地区协调发展战略,重点推进长江经济带发展、京津冀协同发展、粤港澳大湾区建设,以国家级经济带为骨架,以区域中心增长极为节点,以县域发展为基础,形成覆盖全国的区域发展新战略。同时,支持革命老区、民族地区、边疆地区、贫困地区加快发展。提升国家海洋战略,坚持陆海统筹,建设海洋强国。

资料3:2019年1月,"长三角一体化发展示范区"首次提出。在一体化方面,区域一体化的本质是实现资源要素的无障碍自由流动和地区间的全方位开放合作。推进长三角区域一体化,必须要打破行政壁垒,让各城市的资源充分发挥作用,协同发展,各地区任何政策的出台都要考虑到左右邻居。

长三角地缘相接、人缘相亲、地域一体、文化一脉，历史渊源深厚、交往半径相宜。长三角一体化发展作为国家重大战略，三地推行"一张图"规划、"一盘棋"建设、"一体化"发展，建立行政管理协同机制、生态环保联动机制、产业和科技创新协同机制。长三角区域要实现一体化高质量发展，首先要坚持"生态优先、绿色发展"的原则，自觉把经济社会发展同生态文明建设统筹起来。加强沿江污染性工业管控，坚持"共抓大保护、不搞大开发"；其次，坚持创新驱动，让科技创新更好地发挥基础作用。另外，积极发挥长三角三大城市群的引领作用，带动城市群周边协同发展；第三，构建稳定、高效、共建、共享共用的协调联动机制，充分发挥长三角地区合作与发展联席会议的组织协调功能，推动长三角区域项目、人才、资本等要素自由流动。推进长三角一体化可从以下四方面着手：

（1）综合交通运输一体化。世界上大的城市群，都是实现了综合交通运输一体化，才实现了区域一体化，它是基础。综合交通运输一体化，包括规划、运营的一体化，包括铁路、公路、机场、港口等连接联通、布局安排的一体化。

（2）生态环境保护一体化。长三角地区人口密集、经济活跃度高、生态环境压力大。因此，生态环境保护是一体化建设的重点领域。长三角生态环境保护应该纳入一个大的区域概念中，建立良性生态环境保护机制，实现共建、共管、共治。

（3）空间布局一体化。长三角未来要建设高质量发展城市群，要对空间布局，尤其是要素布局给予高度重视，突出战略性安排。不同功能区如何协调，交通枢纽节点如何布置，产业链条配套如何安排，以及物流通道、内外贸易进出等问题都要提前布局，预留空间。

（4）人口有序合理流动。城市群的发展是以人为中心的发展，如何实现人口有序合理流动，也是实现长三角一体化发展的题中之义。

区域重大发展战略的制定，需要综合考虑区域资源环境条件、社会经济基础、内部空间结构、对外空间联系等地理背景，据此完成下列问题。

问题1：归纳我国制定长三角一体化为国家重大发展战略的地理背景。

问题2：国家明确提出长三角一体化必须坚持生态优先、绿色发展，共抓大保护，不搞大开发，走一条绿色低碳循环发展的道路。请从"绿水青山"与"金山银山"的关系，谈谈你的理解。

总结：长三角城市群在发展过程中存在问题：耕地面积不断减少，用地不断紧张；水系和水文等不断遭到破坏，导致生态环境破坏，环境污染加重；能源紧张；交通拥堵等。

解决措施：保护耕地；调整产业结构，不断加大第三产业发展；积极发展新能源；积极发展公共交通；发展循环经济和低碳经济等。

（二）长三角一体化中的中心城市（龙头）——上海

长三角一体化的龙头——上海，是中国经济、金融、贸易、航运、科技创新中心，也是长三角一体化的中心城市。截至2018年末，上海市常住人口总数为2423.78万人。全市共辖16个市辖区，实现地区生产总值（GDP）32679.87亿元。

（三）上海的后花园——无锡的定位（分工与协作、产业结构的布局）

在既有沪宁东西向发展轴线的基础上，通过加强南北向交通融合，串联沿江发展带、沪宁发展带和宁杭生态经济带，形成区域性"东西顺畅、南北通达"的核心。主动承接上海东西向发展轴线的溢出效应，拓展南北向区域中心的辐射带动，进一步确立区域性经济中心城市的地位。

问题：融入长三角一体化发展格局，无锡有哪些独特的区位优势？

师生总结：一点居中、地处长三角地理中心。两带联动、沪宁发展带和宁杭发展带相互呼应。十字交叉、东西沿江交通线与南北连接线纵横贯通。融入长三角一体化发展格局，无锡有良好的发展态势，在落实国家战略中担当重要职责、发挥独特作用、做出无锡贡献。

立足全域一体对接上海龙头、促进城市互动，形成和放大集聚效应，是无锡的重大发展机遇。

问题：无锡融入长三角一体化发展的优势提出哪些具体举措？

师生总结：建设长三角技术创新先导区，发展先进制造业；努力建设长三角绿色生态标杆区；努力建设长三角综合交通枢纽区。

学生课后讨论：长三角一体化中江南文化起到哪些助推作用？

参考资料：长三角一体化内在协调机制的形成离不开文化和价值上的认同。而江南文化作为长三角共同的精神家园，是一体化的文化基础。上海社会科学院历史研究所研究员周武认为，江南文化之所以绵延繁盛，根本原因之一在于融会，既包括区域内部吴文化、越文化和徽文化的融会，也包括不同区域文化的融会和中外文化的融汇，从而赋予区域共同体以强大的生命力和认同感。"江南文化对长三角一体化可以起到重要的支撑作用。"华东师范大学城市与区域规划研究院院长曾刚表示，"一方水土养一方人，江南文化融汇、开放、细腻的特点，使得江南人生性柔和，喜欢交流，对外来者以及外来文化的包容、接纳力强，因此内部容易沟通，比较容易接受别人的领导。"绵延不息的江南文脉，可以进一步加强江南文化的认同机制建设，通过文化纽带打破影响一体化合作的藩篱，让长三角城市群走向以生态、文化和生活质量作为评判标准和发展目标的"文化型城市群"，成功打造长三角一体化发展示范区。

四、教学反思

区域可持续发展（因地制宜；生态、经济、社会、文化等相互促进），江南文脉的传承和创新，怎样助推长三角更高质量一体化发展，实现区域大融合和大发展？江南文脉不只是精致的生活，也不只是繁荣和富庶，更深沉的是它所提供的一套价值观念及其理论表达，如"天下兴亡，匹夫有责"的天下情怀和使命感，这是江南文脉的内核和精髓。

江南文化不仅是中国优秀传统文化传承创新的重要载体和资源，而且对世界文化发展具有重要的借鉴价值；推进长三角文化发展一体化、服务国家发展战略的使命，促进江南文脉的传承和创新，助推长三角更高质量一体化发展。江南文化不仅要"走出去"，而且要"走进去"，通过各种形式让世界了解江南、理解江南，进而让世界了解中国、理解中国，为国家文化战略的推进和发展做出新贡献。

第十讲　工业的区位选择

一、教学目标

1. 结合实例，分析工业区位选择的影响因素及其变化；掌握五种导向型工业的分布特征和主导因素。

2. 利用图表，分析工业区位选择的因素，培养对图表的归纳分析能力；结合本地工业发展情况，理论联系实际，培养观察和思考身边的地理。

3. 通过分析工业区位选择的因素，更加积极地参加社会经济生活；通过乡土地理的案例，激发学生对家乡的热爱。

二、教学重难点

1. 重点：影响工业区位选择的主要因素及其变化；五种导向型工业的分布特点及主导因素。

2. 难点：判断工业区位选择的主导因素。

三、教学过程

导入：如果你是无锡招商引资的负责人，你会从哪些方面介绍无锡的投资环境？

（一）工业区位因素

我们在进行工业生产前，考虑的这些因素就称为工业区位因素。能否根据农业区位选择的知识，将这些工业区位因素进行分类？

自然因素：土地、水源、生态环境；社会经济因素：原料、市场、交通、技术、劳动力、动力、工业基础、政策、决策者的心态……

这里有四家企业，如果他们的老板请你推荐厂址，你会推荐哪里呢？不过在现实条件下，所有的工业区位因素不可能同时达到最优，我们必须进行取舍。请你思考一下，影响四家企业工业区位选择的主导因素分别是什么？

1. 半导体公司

材料：公司主要产品为 8 英寸及 12 英寸集成电路晶圆，公司采用世界最先进的技术生产 DRAM 和 NAND 闪存，致力于打造世界第一的半导体生产基地。

技术——集成电路等工业需要大量的科研人才，技术研发成本在总成本中占比重最大，区位选择往往靠近高等院校、科研院所分布，因此集成电路工业就称为技术导向型工业。

2. 雪花啤酒厂

材料：雪花啤酒是全球十大畅销啤酒品牌之一，以清新劲凉的口感、洁白如雪的丰富泡沫著称。啤酒主要由麦芽、啤酒花、水和酵母制成。3 吨麦芽可以生产 100 吨啤酒。

市场——为了降低运费，应该靠近市场布局，因此啤酒工业就称为市场导向型工业。

3. 有色金属制品厂

材料：我厂专业从事有色金属生产和加工。现开设电镀生产线 2 条，一条是镀铜镍铬，一条不锈钢电解抛光，质量达到欧美标准，价格公道。

动力——有色金属冶炼需要耗费大量的能源，因此常常靠近发电厂分布。

4. 服装厂

材料：我厂目前拥有熟练员工 120 名，专业设备 80 多台，日产量为 300 件左右，以多品种经营特色和薄利多销的原则，赢得了广大客户的信任。

劳动力——服装厂需要大量廉价、充足的劳动力。

5. 制糖厂

无锡人素来喜爱甜食，但搜索地图可以发现，无锡甚至没有任何一家制糖厂的分布。我国的制糖厂究竟分布在哪里呢？结合制糖工业原料和产品的特点，思考制糖厂的主导因素是什么？原料。

（二）工业区位因素的变化

那么，区位因素是不是一成不变的呢？接下来就让我们以无锡国棉一厂的变迁。

无锡国棉一厂在 1979 年与香港公司签约来料加工补偿贸易。那时候国棉一厂是无锡人数最多的工厂，全厂有 9000 多人。请问这个阶段国棉一厂的主导因素是什么？劳动力。

2005 年，国棉一厂响应政府"工业企业退城进园"的号召，从市中心迁入工业园。这次搬迁更多考虑的是什么因素？环境。

一棉迁往新址后，进行了智能化改造，迫切需要技术研发等方面的高端人才。此时国棉一厂的区位因素又发生了什么变化？技术。

因此，区位因素不是一成不变的，随着社会发展、市场变化、科技水平提高，工业区位因素及各因素起的作用在不断变化。一个因素及其作用的变化，会导致其他区位因素及其作用发生变化，进而直接影响工业区位选择。

总结：在现实情况下，这些工业区位因素不可能同时达到最优，因此我们归纳其主导因素，选址时优先满足主导因素的需求。另外，区位因素不是一成不变的，随着时代的发展，科技在进步，环境意识在增强，政策也常常发生变化，因此工业区位选择愈发地灵活和复杂，要结合具体问题具体分析。

四、教学反思

本节课的优势在于贴近乡土，有利于激发学生的学习兴趣。结构清晰明了，过渡自然连贯；重难点突出，课程容量适中，深浅适宜；在课程中学生气氛活跃，注重学生的主体地位，能够发挥学生的主观能动性，并且学生勤于思考，主动回答问题，师生之间有互动，从反馈结果来看，获得了相对满意的结果。

不过，本节课依然存在一些不足。首先是课堂上留给学生思考的时间还是非常有限，为了更加突出学生的主体地位，以后可以多留给学生一些思考和探究的时间。其次是在市场导向型和原料导向型的对比时，讲解得比较简略，部分学生容易将二者混淆。第三是在问题的探讨时没有针对不同层次学生的实际，进行问题难度的区分，所以课后还要对部分学生的实际问题进行交流解决。

第十一讲　江南水上明珠——古镇

一、教学目标

1. 了解江南的地理位置。
2. 理解惠山古镇形成于此的原因。
3. 理解江南传统建筑与当地自然地理环境的关系。
4. 培养学生增强对事物发展变化与自然环境和谐共生的意识。

二、教学重难点

1. 理解惠山古镇形成于惠山脚下、京杭运河旁的原因。
2. 古镇传统建筑与传统文化传承的关系。

三、教学过程

导入： 1. 你都去过哪些古镇？
　　　　2. 去过的古镇里最吸引你的是什么？
学生： ……
教师： 问卷调查的数据显示（发放问卷103份，回收76份）。

民居	祠堂	寺庙	塔	楼阁	牌坊	桥	戏台	过街楼	书院	水
26	12	7	16	23	12	42	16	15	26	46

古镇中最吸引大家的是人居、流水和桥，看到这三个词，让我想起了元代马致远的一首思乡小令《天净沙·秋思》："枯藤老树昏鸦，小桥流水人家，古道西风瘦马。夕阳西下，断肠人在天涯。"整首小令透着作者在异乡的凄凉和不如意，但我们不否认江南水乡"小桥流水人家"的美。

先来欣赏几幅我们自己拍摄到惠山古镇的"小桥、流水和人家"，如小石拱如意桥、有现代气息的宝善桥、龙头河、马头墙、戏台、人杰地灵坊（千人报德坊），还有别致的太湖石等。肯定会有同学在想，如果自己也像我们无锡最著名的地理学家徐霞客那样，在自己风华正茂时游走于祖国的山水之间，该是多么惬意。也许同学忽略了一点，徐霞客不仅仅是一位游客，被历史铭记更因为他是一位地理学家。我们对"小桥、流水、人家"浮于表面的赞美就太缺乏深度了。

惠山古镇是江南地区老街风貌保存完好的街区之一。江南，同学们有人想过何处是江南吗？"江南"的范围在不同的历史时期，有不同的描述，是富有伸缩性的概念。在"二十四史"中，"舜年二十以孝闻，年三十尧举之，年五十摄行天子事，年五十八尧崩，年六十一代尧践帝位。践帝位三十九年，南巡狩，崩于苍梧之野。葬于江南九嶷，是为零陵。"有了最早"江南"的记载，其范围涵盖了湖南、广西等地区。《明清时代江南市镇研究》中表示，江南是指长江以南属于今江苏省的南京、常州、无锡、苏州、上海市全境，及今宣城、芜湖、铜陵、马鞍山、池州、黄山以及今杭州、绍兴、宁波、嘉兴、湖州地区。江南作为行政区始于唐贞观年间，从地理概念上讲，江南区域时大时小，小到环太湖流域，即"苏锡常"和"杭嘉湖"，大到洞庭湖、鄱阳湖、太湖流域，即"苏、浙、

第十一讲　江南水上明珠——古镇

赣、皖、湘"等广大长江中下游以南地区。从"成熟形态"的语境出发，我们一直以李伯重的"八府一州"说（指明清时期的苏州、松江、常州、镇江、应天、杭州、嘉兴、湖州八府及从苏州府辖区划出来的太仓州）作为江南的地理界定。

闻名于江南的惠山古镇，为何形成于此？请同学根据提供的图片，找到惠山古镇形成于惠山脚下、京杭运河旁的原因。

学生：……

总结： 1. 背山面水，地势较平坦开阔，利于耕作与基建。

2. 龙头河、古运河提供水源。

3. 沟通古运河，客货运输便利。

经过千余年的发展，江南古镇形成了自己独有的特色。江南古镇的建筑特色离不开水和桥。粉墙黛瓦的黑白世界，恐怕是江南传统古镇建筑又一鲜明的地域特色。黑与白是绘画艺术的两极色彩，在中国传统文化中代表着阴阳世界，象征天与地的色彩，也成为古镇建筑最朴素的外衣，使得江南成了一幅具有水墨化灵韵的美妙世界，形成江南传统建筑独特的魅力。

"天人合一，四水归堂"的建筑形式，与北方地区的四合院极为相似，极能反映江南水乡建发展与江南地区自然人文环境的融合。

问：这种建筑形式与格局如何体现与当地自然环境的契合？

学生：无锡多雨的气候。

教师：没错，多雨也与我们特殊的地势有关，我国的地势有什么特点？

学生：西高东低，呈三级阶梯分布。

教师：这样的地势特点具有怎样的优越性？

学生：……

教师：1. 有利于太平洋水汽深入内陆，带来降水。

2. 河流主要由西向东流，有利于沟通东西地域。

3. 呈阶梯分布，在阶梯交界处，水能资源丰富。

因为太平洋上的水汽的深入，无锡地区的年均降水量在1150mm，多雨的气候铸就了江南传统民宅依水而建，雨水顺着斜斜的黑瓦片落入天井，或流入后院水塘，或流入门前的碧绿色的小河。粉墙黛瓦也为江南夏季花红柳绿增添了清爽宜人之感。

江南传统建筑一般院落很小，且有高高的马头墙，把不同的人家分成了两个世界。

问：有没有想过传统建筑院落很小的原因，马头墙仅仅是为了美观吗？

学生：……

教师：这要从历史上南北三次人口大迁移说起：1.永嘉之乱：五胡之乱、八王之乱、五代十国。2.安史之乱：根本上改变了中国人口的地理分布格局，南方人口超过北方人口，人口地理中心由北方的黄河流域转移到了长江流域。3.靖康之难（1127年）：南方相对安定的社会环境和大量尚未开垦的可耕地吸引了渴望安居乐业的各地人民，大批王族、官员、士民涌向南方。南宋有个叫林升的诗人写了一首《题临安邸》的诗："山外青山楼外楼，西湖歌舞几时休？暖风熏得游人醉，直把杭州作汴州。"正反映了南方地区有着安定的社会环境，养成了江南人"柔弱"的性格。

江南传统古镇建筑受江南文化的深刻影响，吴越文化成为江南文化的重要本土根脉，而江南文化植根于中华文化主脉。江南传统建筑风格借鉴了北方的四合院、徽派建筑的马头墙，在保持自有的风格的基础上，吸引中国其他区域的优秀文化，正体现了江南人民的包容与自信。

江南人民面对清廷"削发令"时，南明降臣钱谦益、赵之龙等曾向满人谏言："吴下民风柔弱，飞檄可定，无须用兵。"所谓"民风柔弱"的江南民众的反抗怒火，却在松江、昆山、苏州、嘉兴、江阴等地熊熊燃烧。反抗清军暴行最为惨烈的嘉定，史称"嘉定三屠"。而江阴只余老小五十三人，死亡惨重。

现如今，古镇已成江南水上明珠，在2019年无锡旅游景点排名中，惠山古镇名列第4，日常每天接待2万多游客。但是古镇发展旅游业的过程中也出现了一些问题：

学生：……

教师： 1. 水资源良性平衡受到破坏。

2. 固体废弃物的污染。

3. 珍贵自然遗产面临威胁。

4. 良性生态平衡受到破坏。

5. 文物古迹遭到毁损。

6. 破坏背景环境。

作为中学生面对惠山古镇发展旅游业过程中遇到的问题，请你为古镇的良性发展献计献策。

四、教学反思

笔者选择学生比较熟悉的江南名镇——惠山古镇，使学生在学习地域传统文化对古镇建设影响的过程中，更具有代入感，并且统计了古镇中更能激发学生兴趣点的景观，学生仿佛在游览中学习古镇。通过对古镇中典型景观地理要素的挖掘，学生对古镇有了更加深层的认识，引导学生用地理眼光发现生活中的地理现象，学习对生活有用的地理。学习过程中涉及地理、历史、政治等方面的知识，有利于学生综合思维的培养。传统建筑更是与当地自然环境相整合体，体现人与自然和谐共生的理念，在学习中不断地渗透正确的价值观与科学的环境观。